Mareike Engmann

Wiedereingliederung männlicher Sexualstraftäter

Rückfallrisiko und Herausforderungen für die Soziale Arbeit

Bibliografische Information der Deutschen Nationalbibliothek:

Die Deutsche Nationalbibliothek verzeichnet diese Publikation in der Deutschen Nationalbibliografie; detaillierte bibliografische Daten sind im Internet über http://dnb.d-nb.de abrufbar.

Impressum:

Copyright © Studylab 2020

Ein Imprint der GRIN Publishing GmbH, München

Druck und Bindung: Books on Demand GmbH, Norderstedt, Germany

Coverbild: GRIN Publishing GmbH | Freepik.com | Flaticon.com | ei8htz

Inhaltsverzeichnis

Abkürzungsverzeichnis

bzgl.	bezüglich
ebd.	ebenda
GG	Grundgesetzbuch
inkl.	inklusiv
KURS	Konzeption zum Umgang mit rückfallgefährdeten Sexualstraftätern
NiVollzG	Niedersächsisches Vollzugsgesetz
Pkw	Personenkraftwagen
StGB	Strafgesetzbuch
u.a.	unter anderem
vgl.	Vergleiche
z.B.	zum Beispiel

Abbildungsverzeichnis

1 Einleitung

Diese Bachelorarbeit beschäftigt sich mit der These „Niedersächsisches Konzept zur Wiedereingliederung männlicher Sexualstraftäter - eine Herausforderung für die Soziale Arbeit". Sexualstraftäter verstoßen nicht nur gegen das Strafgesetzbuch (StGB) sondern auch gegen das Grundgesetzbuch (GG). Denn in Artikel 1 des GG steht, „Die Würde des Menschen ist unantastbar. Sie zu achten und zu schützen ist Verpflichtung aller stattlichen Gewalten."(Bundesministerium der Justiz und für Verbraucherschutz, o. J.) Die Würde des Menschen ist im Grundgesetz verankert und wird durch das Menschenrecht des Artikel 1, „Alle Menschen sind frei und gleich an Würde und Rechten geboren [...]"(Deutsches Institut für Menschenrechte, o. J.) verstärkt. Dieses Menschenrecht ist 1948 in Kraft getreten und besagt, dass jeder Mensch einen sozialen Wert- und Achtungsanspruch seiner selbst willen hat (vgl. Bundeszentrale für politische Bildung (1), 2015).

Eine Sexualstraftat bricht diese Rechte und verstößt gegen §§174-184g StGB. Damit Sexualstraftäter wieder in die Gesellschaft eingegliedert werden können, muss das Rückfallrisiko bekannt sein und die Soziale Arbeit muss eingebunden werden. Denn die Soziale Arbeit kann dazu beitragen und Unterstützen ein straffreies Leben zu führen. Dazu ist unter anderem das Niedersächsische Konzept zum Umgang mit Rückfallgefährdeten Sexualstraftätern konzipiert worden, in dem die Soziale Arbeit involviert ist. Niedersachsen ist eines von 16 Bundesländern der Bundesrepublik Deutschland und liegt im nördlichen Deutschland. Nach diesem Konzept wird auch in Bundesländern wie Nordrhein-Westfalen und Hessen gearbeitet. Diese weichen lediglich durch geringfügige Unterscheide vom Niedersächsischen Konzept ab.

In dieser Bachelorarbeit liegt der Fokus ausschließlich auf männlichen Sexualstraftätern, da die Literatur für dieser Personengruppe besser erforscht ist und im Rahmen der Bachelorarbeit nicht ausreichend Kapazität gegeben ist auf unterschiedliche Geschlechter einzugehen.

Dennoch sind die Opfer und die Folgen der Straften nicht zu vergessen, können aber durch das Ausmaß dieses Themengebietes in dieser Bachelorarbeit nicht näher erläutert werden.

In Abschnitt zwei Sexualstraftäter und Sexualdelikte wird die Begrifflichkeit einer Sexualstraftat sowie ihre rechtlichen Grundlagen genauer erläutert. Daraufhin folgt eine Klassifizierung von Sexualstraftätern nach Knight und Prentky, um die unterschiedlichen Typen und die jeweiligen Eigenschaften einer Sexualstraftat zu analysieren. Im Anschluss ist der soziokulturelle Ansatz gewählt, der zur Entstehung sexualstraffälliges Verhalten aufklärt. Dieser Ansatz baut auf die Rückfallqoute einer Sexualstraftat auf, um deutlich zu machen, was für ein Ausmaß Sexualdelikte in der heutigen Gesellschaft ausmachen und um die Wichtigkeit der Wiedereingliederung zu unterstreichen.

Der Fokus der Wiedereingliederung liegt im dritten Kapitel unter Berücksichtigung der stationären Wiedereingliederung hauptsächlich auf der ambulanten Wiedereingliederung. Auf die Begriffsbestimmung folgt kurz erläutert die stationäre Wiedereingliederung. Im weiteren Verlauf dieser schriftlichen Ausarbeitung wird die ambulanten Wiedereingliederung durch das Niedersächsische Konzept zum Umgang mit rückfallgefährdeten Sexualstraftätern vorgestellt. Darauf aufbauend werden im Anschluss die Herausforderungen der Sozialen Arbeit im Umgang mit rückfallgefährdeten Sexualstraftätern erarbeitet. Dazu wurden diese Herausforderungen in fachliche Klärung, professionelle Aufgaben und Methoden, gesellschaftliches Bild, Medien und Öffentlichkeitsarbeit und besondere Klientengruppen unterteilt. Eine Schlussbetrachtung mit meiner eigenen Stellungnahme und der Beantwortung der These ist abschließenden in Kapitel fünf zu finden.

Ziel dieser Ausarbeitung ist es, die Herausforderungen der Sozialen Arbeit im Umgang mit männlichen Sexualstraftätern durch das Niedersächsische Konzept zu erfassen.

2 Sexualstraftäter und Sexualdelikte

Sexualkriminalität ist ein soziales Problem. Das bedeutet, dass Sexualkriminalität in der Gesellschaft als unerwünscht und als veränderungsbedürftig angesehen wird. Es entstehen soziale Probleme, weil wir uns in einer zunehmenden komplexen und ausdifferenzierten Gesellschaft befinden. Ebenso wird der soziale Wandel und der Anstieg von Konflikten und Krisen auf die sozialen Probleme zurück geführt (vgl. Seifert, 2014, S. 38).

In den 1960er Jahren machte die Frauenbewegung auf sexuelle Gewalt aufmerksam. Zu diesem Zeitpunkt ist zum ersten Mal Gewalt gegen Mädchen und Frauen in der Öffentlichkeit aufgegriffen und bekannt gemacht worden. Es entstanden viele Kampagnen gegen sexuelle Gewalt. Ebenso wurden die Bedürfnisse der Frau erstmals mit Hinblick auf die Selbstbestimmung der Sexualität dargestellt. Es wurde die gesellschaftliche Struktur sowie die alltägliche Gewalt von Männern gegen Frauen skandalisiert (vgl. ebd., S. 60).

Um Sexualkriminalität genauer zu erläutern, ist in Kapitel 2.1 eine ausführliche Begriffsbestimmung von Sexualstraftätern und Sexualdelikten zu finden. Diese Begriffsbestimmung soll einen allgemeinen Überblick geben.

Im Anschluss wird in Kapitel 2.2 die Klassifizierung von Sexualstraftätern nach Knight und Prentky aufgeführt, um unterschiedliche Typen von Sexualstraftätern abgrenzen zu können. Daraufhin folgt in Kapitel 2.3 der Soziokulturelle theoretische Ansatz, um sexualstraffälliges Verhalten ableiten zu können.

In Punkt 2.4 wird dann die Entstehung des Rückfallrisikos und einige statistische Zahlen zu Sexualdelikten vorgestellt, um deutlich zu machen, wie hoch der Anteil von Sexualdelikten in der Gesellschaft ist.

2.1 Begriffsbestimmung Sexualstraftäter

Eine genaue Definition von Sexualstraftätern ist nicht möglich, denn diese Beurteilung unterliegt dem gesellschaftlichen Wandel. So war zum Beispiel bis 1994 Homosexualität in Deutschland strafbar. In Ländern mit der Scharia-Gesetzgebung, wie u.a im Sudan, in Nigeria und in Somalia, ist Homosexualität heute noch strafbar und wird sogar mit der Todesstrafe bedroht (vg. Bundeszentrale für politische Bildung (3), 2014). Es gibt jedoch sexualabweichendes Verhalten, welches in Deutschland nicht toleriert wird. Sexualdelikte können nur durch das StGB definiert und als strafbares Verhalten benannt werden. Durch das strafrechtliche Vorgehen wird das Ausmaß von sozialfeindlichem Verhalten erkannt und es wird deutlich, dass es sich um eine nicht akzeptable Verhaltensweise in der Gesellschaft handelt (vgl. Seifert, 2014, S. 77).

> „Das Strafgesetzbuch ist die Bezugsnorm für das, was als Sexualstraftat qualifiziert wird,[...]" (ebd., 2014, S.77).

Diese spezifischen Verstöße richten sich gegen die sexuelle Selbstbestimmung. Diese sind nach §§174-184g StGB geregelt und umfassen alle sexuellen Handlungen gegen das Recht auf die sexuelle Selbstbestimmung (vgl. Bundeszentrale für politische Bildung (2), 2015).

Prof. Dr. Laubenthal unterteilt Sexualdelikte, neben den gesetzlich geregelten Paragraphen, in sechs Untergruppen. Diese werden im Folgenden dargestellt.

Delikte gegen die sexuelle Freiheit

Die Freiheit vor Fremdbestimmung enthält das Recht auf sexuelle Selbstbestimmung. Dies ist Teil der Menschenwürde, die zusätzlich besagt, dass die Intimsphäre geachtet werden muss und eine Person nicht als Objekt oder Werkzeug sexuellen Begehrens herabgewürdigt werden darf. Denn jede Person hat die freie Entscheidungsmöglichkeit in ein sexuelles Geschehen einzuwilligen oder es abzulehnen. Damit das Recht auf sexuelle Selbstbestimmung als Rechtsgut geschützt wird, sind folgende Straftatbestände in der Gesetzgebung erhoben (vgl. Laubenthal, 2012, S. 55):

- „Sexuelle Nötigung, Vergewaltigung, §177 StGB;
- Sexuelle Nötigung und Vergewaltigung mit Todesfolge, §178 StGB;
- Sexueller Missbrauch widerstandsfähiger Personen, §179 StGB;
- Sexueller Missbrauch von Kranken und Hilfebedürftigen, §174a Abs.2 StGB;
- Sexueller Missbrauch unter Ausnutzung eines Beratungs-, Behandlungs- oder Betreuungsverhältnisses, §174c StGB" (ebd., 2012, S. 55).

Missbrauch institutioneller Abhängigkeit

Aufgrund staatlicher Macht durch Verwahrungs- und Abhängigkeitsverhältnisse werden sexuelle Übergriffe in diesem Zusammenhang wie folgt sanktioniert.

Die Vornahmen oder Duldungen sexueller Handlungen werden durch den Gesetzgeber nach §174 Abs.1 StGB und nach §174 StGB geschützt. Dieser besagt, dass Gefangene und Verwahrte vor sexuellen Handlungen von Personen geschützt werden, denen sie zur Erziehung, Ausbildung, Beaufsichtigung oder Betreuung unterstellt sind (vgl. ebd., S.153).

Delikte gegen die sexuelle Entwicklung

Diese Untergruppe zählt zu den Jugendschutzvorschriften und gehört zu folgenden Delikten:

- „Sexueller Missbrauch von Schutzbefohlenen, §174 StGB;
- Sexueller Missbrauch von Kindern, §176 StGB;
- Schwerer sexueller Missbrauch von Kindern, §176a StGB;
- Sexueller Missbrauch von Kindern mit Todesfolge, §176b StGB;
- Förderung sexueller Handlungen von Minderjährigen, §180 StGB;
- Sexueller Missbrauch von Jugendlichen, §182 StGB„(ebd., S. 169).

Exhibitionismus und Erregung öffentlichen Ärgernisses

Zu exhibitionistischen Handlungen zählen unerwünschte Konfrontationen mit sexualbezogenen Betätigungen, die nach §183 StGB sanktioniert werden. Nach §183a StGb machen sich Personen strafbar, die öffentlich sexuelle Handlungen vornehmen und dadurch bewusst und wissentlich ein Ärgernis auslösen (vgl. Ebd., S. 69).

Exhibitionismus zählt zu den „hand-off" Delikten, in dem eine Handlung ohne körperlichen Kontakt stattfindet (vgl. Laubacher / Gerth / Gmür / Fries, 2012, S. 40).

Prostitutionsdelikte

Unter diesem Teil des StGB fallen Straftaten gegen die sexuelle Selbstbestimmung wie:

- Ausbeutung von Prostituierten, §180a StGB;
- Zuhälterei,§181a StGB;
- Veranstaltungen und Besuch kinder- und jugendpornografischer Darbietungen, 184e StGB
- Ausübung der verbotenen Prostitution, 184f StGB.

Zusätzlich zählt zu dieser Untergruppe, neben dem Schutz vor sexueller Selbstbestimmung, der Schutz vor Ausbeutung im Menschenhandel nach §232 StGB (vgl. Laubenthal, 2014, S. 289).

Pornografiedelikte

Das Verbreiten pornografischer Schriften ist nach §§184a-d StGB verboten. Denn jeder Mensch besitzt die Freiheit selbst zu bestimmen, was er betrachten möchte und welchen Pornografiekonsum er aufnehmen möchte. Dies dient zum Zweck des Kinder- und Jugendschutzes. Junge Menschen haben ein Anspruch auf Persönlichkeitsentfaltung, in der keine sexuelle Beeinträchtigung stattfindet (vgl. ebd., S.323). Auch Pornografiedelikte zählen zu den „hand-off" Delikten (vgl. Laubacher / Gerth / Gmür / Fries, 2012, S. 40).

Die Bundesregierung überarbeitet stetig die jetzige Gesetzgebung, um mögliche Interpretationsspielräume zu schließen. So hat eine Gesetzesänderung am 10.10.2016 durch in Kraft treten des §177 StGB stattgefunden. Durch dieses Gesetz macht sich ein Sexualstraftäter nicht nur strafbar, wenn er sexuelle Handlungen mit Gewalt oder Gewaltandrohungen erzwingt, sondern auch wenn sich über den erkennbaren Willen des Opfers durch verbale Verneinung oder körperlicher Abwehr, hinweggesetzt wird (vgl. Die Bundesregierung, 2016). Dennoch gibt es Kritiken an der Änderung des §177 StGB. Nach einem Kommentar von Hörnle, ist die Änderung des Paragraphen zu unüberlegt erfolgt. Auch diese Neuverfassung soll überarbeitungsbedürftig sein. Die zu schnelle Vorgehensweise soll ein Grund einer zu kurzen Legislaturperiode im Bundestag sein (vgl. Hörnle, 2018, S. 18).

2.2 Sexualstraftäter Klassifizierung

Neben der Eingruppierung durch den Rechtsgeber, gibt es Klassifizierungen in denen Sexualstraftäter eingeteilt werden können. Es gibt eine Vielzahl an Typologien, die als Ordnungsversuch von Sexualstraftätern dienen sollen. In den meisten dieser Typologien wurden diese durch eine Differenzierung zweier ausschlaggebenden Charakteristika unterteilt. Zum einen in Vergewaltigungstäter / sexuelle Nötigung, die einen sehr aggressiven Missachtungscharakter aufweisen und gegen die sexuelle Selbstbestimmung einer erwachsenen Person gehen. Zum anderen der sexuelle Kindesmissbrauchstäter, der vor allem durch das Machtungleichgewicht charakterisiert wird.

Im folgenden Abschnitt ist ausschließlich die Klassifizierung von Knight und Prentky genauer erläutert, da diese Typologie beide Charakteristika umfasst.

Klassifizierungen nach Knight und Prentky

Abbildung 1 zeigt das Klassifizierungssystem für Vergewaltiger.

In diesem System werden die Motivationen, Gelegenheit, durchdringende Wut, sexuelle Motive und Rachsucht, die von einem Sexualstraftäter ausgehen, als grundlegende Kriterien für die Entstehung genommen. Des Weiteren wird zwischen hoher sozialer und geringer sozialer Kompetenz differenziert.

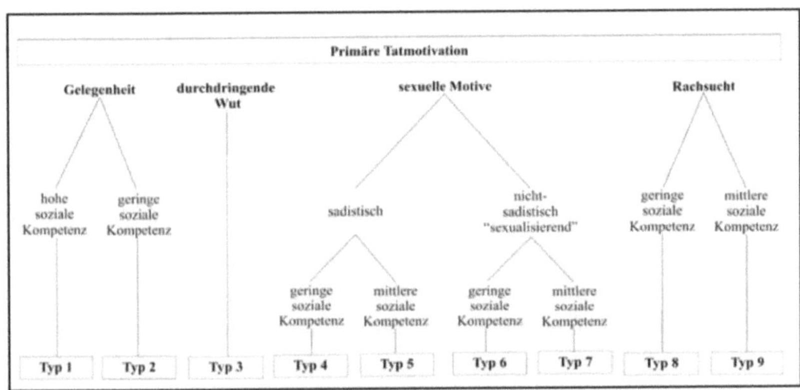

Abbildung 1: Klassifizierungssystem für Vergewaltiger nach Knight und Pretky
(Quelle: Niemeczek, A. (2015): Tatverhalten und Täterpersönlichkeit von Sexualdelinquenten, Der Zusammenhang von Verhaltensmerkmalen und personenbezogenen Eigenschaften. Halle: Springer Fachmedien Wiesbaden GmbH. S. 90)

Von dem Gelegenheitsmotiv ausgehend werden danach die ersten zwei Typen gebildet, die das Delikt spontan aus einer sich ergebenen Situation begehen. Dieses Verhalten weist eine mangelnde Impulskontrolle auf. Die ausgeübte Gewalt dient dabei jedoch nicht als primäres Ziel des Deliktes, sondern ist vielmehr als Gegenstand zu sehen, um das Opfer unter Kontrolle zu bringen und diese Kontrolle während der gesamten Tatausübung aufrecht zu erhalten. Der erste und der zweite Typ unterscheidet sich lediglich zwischen einer hohen und einer geringen sozialen Kompetenz, die auf das Alter des Täters zurückzuführen ist (vgl. Makros, 2007, S. 54 ff.).

Der dritte Typ weist als Motivation durchdringende Wut auf. Hierbei entfällt die Differenzierung in hohe oder geringe soziale Kompetenz. Diese Wut kann auf die gesamte Umwelt, durch eine Belastungssituation oder durch Zurückweisung einer Frau des Tatbegehendens zurückzuführen sein. Diese Täter haben oft ihr gesamtes Leben eine aggressive Charaktereigenschaft und können Wutimpulse nicht kontrollieren. Eine Tat von dieser Motivation ausgehend, ist damit gekennzeichnet, dass die Opfer, unabhängig von dessen Widerstand, oft schwere physische Schäden aufzeigen (vgl. Biedermann, 2014, S. 51).

Das Motiv der sexuellen Motivation wird zunächst in sadistisch oder nicht sadistisch sexualisierend differenziert und erst im Anschluss erneut in geringe oder mittlere soziale Kompetenz unterschieden. Daraus bilden sich die Typen vier bis sieben. Der vierte und fünfte Typ hat die Gemeinsamkeit der sadistischen Charaktereigenschaft. Der vierte Typ lebt seine sadistischen Phantasien während seiner Tat aus. Der fünfte Typ hingegen lebt seinen Sadismus symbolisch aus. Ihm reicht es zu sehen, dass das Opfer vor seiner Befriedigung große Angst erleidet. Die Typen sechs und sieben, die nicht sadistisch sexualisierend sind, begehen eine Vergewaltigung um ihre eigenen Selbstzweifel zu unterdrücken. Diese beiden Typen werden zwischen einer geringen oder mittleren sozialen Kompetenz unterschieden.

Typen acht und neun haben das Motiv der Rache. Sie leben ihre Feindseligkeit gegenüber Frauen durch verbale Verhöhnung, physischen Verletzungen, Demütigungen oder Gewalt aus. Auch diese Typen unterscheiden sich wieder in einer geringen sozialen oder mittleren sozialen Kompetenz (Vgl. Makros, 2007, S. 56 f.). Sie werden auch als negativ sozialisiert, unabhängigkeitsstrebend und als unterkontrollierte Täter beschrieben (vgl. Biedermann, 2014, S. 51).

Abbildung 2 umfasst das Modell der Typisierung von Missbrauchstätern. Dieses Modell wird zunächst in zwei Achsen eingeteilt, die voneinander unabhängige Dimensionen aufweisen.

Achse eins weist die Dimension der Fixierung der Kinder oder auch den Grad der pädophilen Neigung auf. Diese hohe oder niedrige Fixierung wird dann, wie in der vorherigen Klassifizierung, in geringe oder hohe soziale Kompetenz unterschieden. Die hohe Fixierung bildet somit Typ null und eins. Eine niedrige Fixierung ist bei Typ zwei und drei zu erkennen. Achse zwei befasst sich mit der Häufigkeit der Anzahl der pädophilen Kontakte. Demnach wird zwischen viel Kontakt zu Kindern und wenig Kontakt zu Kindern differenziert. Täter mit viel Kontakt wollen eine persönliche Beziehung zum Opfer aufbauen (Typ 1: interpersonell). Typ zwei weist narzisstische Züge auf und sucht nur den sexuellen Kontakt (vgl. Niemeczek, 2015, S. 89).

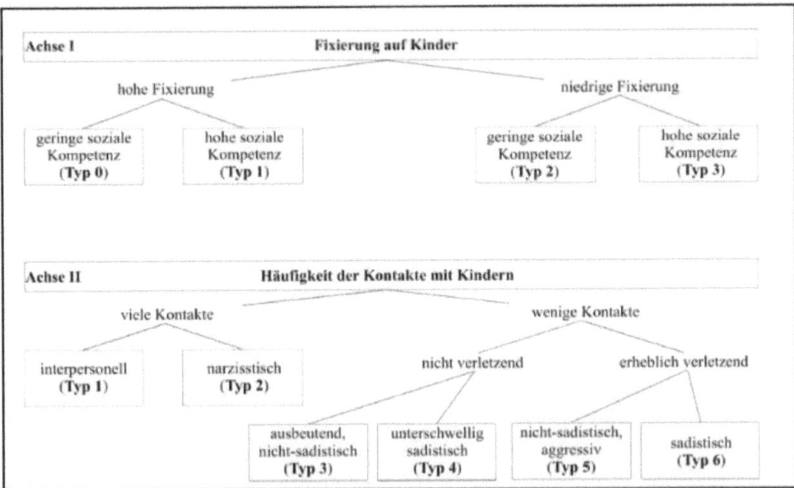

Abbildung 2: Klassifizierungsmodell für Missbrauch an Kindern nach Knight und Pretky (Quelle: Niemeczek, A. (2015): Tatverhalten und Täterpersönlichkeit von Sexualdelinquenten, Der Zusammenhang von Verhaltensmerkmalen und personenbezogenen Eigenschaften. Halle: Springer Fachmedien Wiesbaden GmbH. S. 89)

Täter, die nur einen kurzen Kontakt zu Kindern aufweisen, werden zunächst nach dem Ausmaß der physischen Verletzungen unterteilt, die sie den Opfern zugefügt haben. Diese, sich auf nicht verletzend beziehen, bilden Typ drei und vier. Typ fünf und sechs fügen den Opfern erhebliche Verletzungen zu. Typ drei und vier wird zusätzlich unterschieden in ausbeutend, nicht sadistisch (Typ drei) und unterschwellig sadistisch (Typ vier). Ebenso wird Typ fünf als nicht sadistisch, dennoch aggressiv und Typ sechs als sadistisch beschrieben.

Anhand von 117 Missbrauchstätern wurde diese Klassifikation konzipiert. Am stärksten repräsentierten sich während dieser Entwicklung Typ null der Achse eins mit einer hohen Fixierung und geringer sozialer Kompetenz und Typ zwei der Achse zwei mit einem lang bestehenden Kontakt zu Kindern mit narzisstischem Tatmotiv (vgl. edb., S. 89 f.).

2.3 Theoretischer Ansatz für sexualstraffälliges Verhalten

Ebenso wie es eine Vielzahl an verschiedenen Klassifizierungen von Sexualstraftätern gibt, sind verschiedene Theorien bekannt, die sich mit der Entstehung von sexualstraffälligem Verhalten auseinander setzen. Die Theorien beschäftigen sich mit unterschiedlichen Fokussierungen wie u.a. dem biologischen Ansatz, psychoanalytischen Ansatz oder dem lernorientierten Ansatz. Daraus wird deutlich, dass es keine konkrete Ursache gibt, von der sich sexualstraffälliges Verhallten ableiten lässt (vgl. Wößner, 2006, S. 23).

Soziokultureller Ansatz

Im Folgenden wird ausschließlich der soziokulturelle Ansatz von sexualstraffälligem Verhalten erläutert. Diese soziokulturelle Theorie wurde bewusst ausgewählt, da in einem späteren Abschnitt auf das heutige gesellschaftliche Bild in Bezug auf Sexualstraftäter genauer eingegangen wird. Mit Hinblick auf die Herausforderungen der Sozialen Arbeit und dem gesellschaftlichem Bild, bildet diese Theorie das Grundwissen und wird erneut in 4.3 aufgegriffen.

Dieser Erklärungsansatz, geht davon aus, dass sich die Ursachen von sexuellem aggressivem Verhalten einzelner Gesellschaftsmitglieder aus den Strukturen des gesellschaftlichen Zusammenlebens ableiten lassen. Besonders im Fokus steht der historische Hintergrund in Verbindung mit den veränderten Machtstrukturen, Rollenvorstellungen und Verhaltensnormen. Die Soziokultur beschreibt sexuelle Übergriffe, wie Vergewaltigung, nicht als isoliert zu betrachtendes Phänomen, sondern als ein Muster des gesellschaftlichen organisierten Zusammenlebens. Das bedeutet, dass der historische Hintergrund der Machtstruktur des Mannes gegenüber einer Frau als Erklärungsansatz sexueller Gewalt dient. Dies ist zurückzuführen auf die Rollendifferenzierung zwischen Mann und Frau, denn der Mann hat nach Krahé im Gegensatz zu einer Frau eine höhere gesellschaftliche Macht, die sich auf eine Vielzahl von Lebenssituationen auswirkt. Durch diese Rollenunterschiede hat das männliche Geschlecht eine aktive / initiative Rolle und dem weiblichen Geschlecht wird die passive / rezeptive Rolle zugeordnet (vgl. Krahé, 2002, S. 36 f.).

Neben den Geschlechterstereotypien beschreibt die Soziokultur auch, dass sexuelle Gewalt in verschiedenen Gesellschaften unterschiedlich ausgeprägt ist. Denn nicht jede Gesellschaft definiert sexuelle Gewalt als strafbare Handlung. So wird im Gegensatz zu unserer Gesellschaft teilweise sexuelle Gewalt akzeptiert. In diesen Gesellschaften werden sexuelle Handlungen, die in Deutschland als Vergewaltigung angesehen werden, häufig als Interaktion dargestellt und dienen der Bestrafung oder Bedrohung der Frau.

Weitere Aspekte sind die Vergewaltigungsmythen, in denen stereotype Meinungen über Opfer, Täter und den Umständen durch Tatsachenwissen weder belegt noch widerlegt werden. Durch diese Mythen sind Menschen, je mehr sie von der Mitschuld des Opfers durch Vergewaltigungsmythen überzeugt sind, weniger bereit einen erzwungenen sexuellen Kontakt als Gewalttat anzuzeigen (vgl. ebd., S. 37 ff.). Diese Mythen haben laut Krahé einen erheblichen Zusammenhang mit pornografischen Medien und werden durch diese beeinflusst. Die Verharmlosung von sexueller Gewalt, die Akzeptanz von Vergewaltigungsmythen und die erhöhte Vergewaltigungsbereitschaft, ist auf den Konsum gewaltbezogener pornografischer Darstellungen zurückzuführen (vgl. ebd., S. 40).

2.4 Rückfallrisiko Sexualstraftäter

Das Rückfallrisiko eines Sexualstraftäters ist von unterschiedlichen Faktoren abhängig. Faktoren wie junges Alter, keine Partnerschaft, eine dissoziale Persönlichkeitsstörung und psychopathische Persönlichkeitseigenschaften sind Prädiktoren für die Rückfälligkeit. Spezifische Risikofaktoren für Sexualstraftäter sind frühere Sexualdelikte, sexuell abweichendes Verhalten, psychischer oder emotionaler Missbrauch in der Kindheit und Pädophilie (vgl. Laubacher/ Gerth/ Gmür/ Fries, 2012, S. 39). Um die Rückfallwahrscheinlichkeit eines Sexualstraftäters präzise einschätzen zu können, liegen in dem Risk-Assessment (Synonym für die Beurteilung des Rückfallrisikos) zwei unterschiedliche Methoden vor. Zum einen die klinische Methode, die ohne standardisierte Regeln erfolgt. Mit dieser Methode werden die Straftäter einer Gruppe zugeordnet, die von niedrigem Rückfallrisiko bis hin zu hohem Rückfallrisiko gehen. Um diese Zuordnung vornehmen zu können, liegt kein standardisiertes Verfahren vor. Die Einschätzung erfolgt durch die gesammelten Informationen und lässt die Möglichkeit für spezifische Einzelfälle offen. Das Ergebnis ist deshalb ideografisch und somit auf den Einzelfall bezogen. Dem gegenüber steht die mechanische Methode. Auch hier werden die Straftäter denselben Gruppen zugeordnet. Dieses Verfahren findet jedoch standardisiert, durch ein Auswertungsverfahren, statt. Eine Anpassung an den Einzelfall ist nicht möglich. Durch die Anwendung eines Fragebogens findet ein Beurteilungsschema statt. Nach dem wahrheitsgemäßen ausfüllen des Bogens durch den Straftäter wird ein bestimmtes vorgefertigtes Schema (addieren / subtrahieren) angewandt, um zu einem Ergebnis zu kommen (vgl. ebd., S. 91). Laut Literaturangaben gibt es viele verschiedene Theorien und unterschiedliche Rückfallangaben. Nach einer Studie der kriminologischen Zentralstelle (KrimZ) wird die Rückfallquote in Gruppen unterteilt. In der Untersuchungsgruppe von sexuellem Missbrauch von Kindern lag die Rückfallquote bei 22 Prozent. Bei der Untersuchungsgruppe sexueller Nötigung / Vergewaltigung lag die Rückfallquote bei 19 Prozent. Zu kritisieren an der Studie ist, dass die Fallzahlen ausschließlich auf das verurteilte Hellfeld, der polizeilich bekannten

Straftaten, bezogen ist (vgl. Biedermann, 2014, S.80). Im Jahr 2018 wurden in Deutschland 9.234 Fälle gegen sexuelle Selbstbestimmung wie Vergewaltigung, sexuelle Nötigung, sexuelle Übergriffe in besonders schweren Fällen einschl. mit Todesfolge, gemeldet. Zusätzlichen wurden im selben Jahr 12.321 Fälle von sexuellem Missbrauch von Kindern gelistet (vgl. Bundesministerium des Innern, für Bau und Heimat, 2019, S. 14). Trotz dieser hohen Zahlen machen Sexualdelikte mit 1,1 Prozent einen geringen Teil aller polizeilich bekannt geworden Delikte 2018 in Deutschland aus (vgl. ebd. S.24). Von diesen gemeldeten Fällen gab es eine Aufklärungsquote von 84 Prozent (vgl. Statista, 2019). Diese aufgelisteten Zahlen und Statistiken umfassen jedoch lediglich dass sogenannte Hellfeld von Sexualdelikten. Das Dunkelfeld, nicht polizeilich bekannter Sexualdelikte, ist im Verhältnis anderer Delikte besonders erhöht. Die Gründe für das hohe Dunkelfeld können Angst vor intensiven Vernehmungen sein oder sich für die Tat als Opfer mitschuldig zu fühlen. Diese Begründung wird besonders dann genannt, wenn sich Täter und Opfer bereits im Vorfeld kannten. Die Anzeigebereitschaft sinkt, je intensiver die Beziehung zwischen Täter und Opfer ist. Dann erlangen Faktoren wie Partnerschaft, Familie, ein falsches Pflichtgefühl, Scham oder Befürchtungen hinsichtlich sozialer Konsequenzen eine hohe Bedeutung (vgl. Biedermann, 2014, S. 41). Eine exakte Angabe, bezüglich des Dunkelfeldes für Sexualdelikte, kann bisher nicht angegeben werden, da verschiedene Studien zu erheblich unterschiedlichen Ergebnissen gekommen sind. Somit wird auch nachdrücklich vor einem inflationären Gebrauch der Dunkelziffer gewarnt (vgl. Barabs, 2006, S.52). Dennoch ist darauf hinzuweisen, dass Rückfälle nicht immer vermeidbar sind. In der Zusammenarbeit mit Sexualstraftätern kann es immer zu Krisen und Unvorhersehbarem kommen. Doch um das Rückfallrisiko zu verringern und besser einschätzen zu können, findet die Wiedereingliederung statt (vgl. Stiels-Glenn 2012 S. 118 ff.).

3 Wiedereingliederung

Um dem Rückfallrisiko, wie unter Punkt 2.4 beschrieben, entgegenzuwirken, ist der Prozess der Wiedereingliederung unumgänglich. Im Rahmen des dritten Kapitels soll zunächst der Begriff der Wiedereingliederung erläutert werden. Im weiteren Verlauf der Bachelorarbeit wird dann die Wiedereingliederung in stationär und ambulant unterteilt. Ein besonderer Fokus liegt auf der ambulanten Wiedereingliederung, da es sich dabei unter anderem um das Niedersächsische Konzept zum Umgang mit rückfallgefährdeten Sexualstraftätern handelt, worauf auch das darauf folgende Kapitel aufgebaut ist.

3.1 Begriffserklärung Wiedereingliederung

Der Begriff der Wiedereingliederung ist im Allgemeinen auch als Resozialisierung bekannt. Da es für die Resozialisierung unterschiedliche Definitionen gibt, beziehe ich mich in meiner Bachelorarbeit ausschließlich auf die der Wiedereingliederung. Diese hat das Ziel einen Straftäter in das soziale Leben einzubinden und ihn zu einem straffreien Leben zu verhelfen. Die Wiedereingliederung ist somit klar zu definieren und wurde früher lediglich für Strafgefangene angewendet. Heute muss die ambulante Reaktion auf kriminelles Verhalten mit einbezogen werden, denn die Wiedereingliederung in die Gesellschaft könnte nicht geschehen, wenn der Prozess mit der Haftentlassung beendet wäre. Es ist sinnvoll die Wiedereingliederung auch nach der Inhaftierung fortzusetzen, um die Normen der Gesellschaft weiter zu befolgen (vgl. Cornel, 2018, S. 32 ff.).

Ein Sexualstraftäter hat sich durch sein nicht normkonformes Verhalten von der Gesellschaft gelöst, so dass er in diese während und nach der Inhaftierung wieder eingegliedert werden muss.

3.2 Stationäre Wiedereingliederung von Sexualstraftätern

Zu der stationären Wiedereingliederung zählen Strafgefangene die sich in einer Justizvollzugsanstalt befinden. Der Strafvollzug und die dazugehörige Gesetzgebung sind seit dem 1. Januar 1977 in Kraft getreten. In Niedersachsen befinden sich 14 Justizvollzugsanstalten. In allen Justizvollzugsanstalten sind die zwei wesentlichen Ziele nach §5 Niedersächsischen Vollzugsgesetz (NjVollzG), den Gefangenen dazu zu befähigen in der Zukunft in sozialer Verantwortung leben zu können, ohne dabei eine Straftat zu begehen. Zum anderen ist ein Ziel des Vollzugs die Gesellschaft vor weiteren Straftaten zu schützen. Der Vollzug schützt somit nicht nur während der Inhaftierung eines straffällig gewordenen Menschens, sondern auch darüber hinaus (vgl. Niedersächsisches Justizministerium, 2016). Innerhalb des Strafvollzugs findet eine Differenzierung nach Alter (Jugend-, Erwachsenenvollzug), Delikt (Ersatzfreiheitsstrafe, Kurzstrafe, Langstrafe, Drogenabhängigkeit, Gewaltstraftaten und Sexualstraftaten) und Geschlecht statt. Danach wird unterschiedenen, um einen optimalen Input für den Inhaftierten mit direktem Einfluss, zusammenzustellen. In Bezug auf Sexualstraftäter ist während der Inhaftierung eine bestimmte Behandlung vorgesehen, die den Fokus auf die Sozialtherapie gerichtet hat. Diese Wiedereingliederung wird nach der Inhaftierung durch die ambulante Wiedereingliederung weitergeführt (vgl. Maelicke, 2018, S. 15).

3.3 Ambulante Wiedereingliederung durch das Niedersächsische Konzept

Zu der ambulanten Wiedereingliederung zählen die freie Straffälligenhilfe, die Jugendgerichtshilfe, die Gerichtshilfe, die Bewährungshilfe und die Führungsaufsicht.

Im Rahmen der Führungsaufsicht wurde ein Konzept entwickelt, dass sich speziell auf rückfallgefährdete Sexualstraftäter bezieht. In diesem Abschnitt liegt der Fokus auf der Niedersächsischen Konzeption zum Umgang mit rückfallgefährdeten Sexualstraftätern (im Folgendem mit KURS abgekürzt).

3.3.1 Niedersächsisches Konzept zum Umgang mit rückfallgefährdeten Sexualstraftätern / KURS

KURS ist zum 01.10.2007 in Kraft getreten. Das Ziel der Konzeption ist es, das Rückfallrisiko von Sexualstraftätern die unter Führungsaufsicht stehen, zu verringern. Das genaue Berufsfeld der Führungsaufsicht wird in Abschnitt 3.4.4 genauer erläutert. Um das Ziel zu erreichen, wurde eine intensive Sammlung an Informationen von dem jeweiligen Sexualstraftäter angelegt und die Zusammenarbeit aller involvierten Beteiligten der Polizei, der Justiz und des Maßregelvollzuges optimiert. Diese Optimierung hat vorgesehen, das / dass ...

... individuelle Risikoprofile während des stationären Aufenthaltes erstellt werden und die Rückfallgefahr des Sexualstraftäters bewerten.

... Personenkreise und risikorelevante Informationen über den Sexualstraftäter erfasst werden, um diese in einer gesonderten polizeilichen EDV-Datei zu speichern.

... eine konsequente Anwendung des Straf- und Gefahrenrechts anzuwenden ist, um weitere Straftaten zu verhindern.

... eine Verbesserung des sozialarbeiterischen Risikomanagements erfolgt ist und nur noch besonders qualifizierte Justizsozialarbeiterinnen / Justizsozialarbeiter in der Arbeit mit Sexualstraftätern eingesetzt werden.

... festgelegt wird, wer auf Ebenen der Polizeidirektion und Polizeiinspektionen die Verantwortung zu tragen hat.

... eine strenge Vernetzung zwischen der Polizei und der Justiz, sowie eine einzelfallbezogene Besprechung in der Versammlung am ‚Runden Tisch' stattfindet.

... in Vernetzung der Involvierten eine Interventionsstrategie entwickelt wird.

... die Koordination ebenso wie die Dokumentation der vorgesehenen Maßnahmen durch die zentrale Stelle im Landeskriminalamt Niedersachen zu führen ist.

Zusätzlich muss neben den Zielen von KURS das allgemeine Wiedereingliederungsziel beachtet werden (vgl. KURS, S. 654).

3.3.2 Zielgruppe

Die Zielgruppe dieser Konzeption sind Sexualstraftäter, ...

... die gegen die sexuelle Selbstbestimmung verstoßen haben,

... die ein Tötungsdelikt mit sexuellem Motiv begangen haben,

... die gegen eines der vorher genannten Straftaten verstoßen haben und unter Vollrausch standen und wegen diesen Deliktes unter Führungsaufsicht stehen.

Diese beschriebenen Zielgruppen werden in drei Kategorien eingestuft, die hinsichtlich der Rückfallgefahr zugeordnet sind.

Kategorie A

In Kategorie A sind die Sexualstraftäter eingestuft, die akut rückfallgefährdet sind und eine hohe Gefährlichkeit aufweisen. Diese Kategorie erschließt sich aus der kriminellen Vorgeschichte, der Tatdynamik, der Persönlichkeit in Verbindung mit einer psychischen Störung und aus einer fehlgeschlagenen Rückfallprävention während der Inhaftierung. Zusätzlich sind die protektiven risikorelevanten Bedingungen wie labile Haltung, Persönlichkeitsfaktoren, rückfallpräventive Wirkung, Suchtmittelkonsum, Einbindung von Behandlungen und Therapien, Familie / Partnerschaft, Arbeit, soziales Umfeld und konsequentes Einnehmen von Medikamenten nicht gegeben. Kategorie A beschreibt die Befürchtung, dass jederzeit eine neue

Straftat begangen werden kann. Um in Kategorie A eingestuft zu werden, wird während der Inhaftierung ein detailliertes Risikoprofil angelegt, damit die Vollzugsbehörde die Einstufung vornehmen kann (vgl. ebd., S. 656 f.).

Kategorie B

Kategorie B beschreibt die latent rückfallgefährdeten Sexualstraftäter, die eine hohe Gefährlichkeit aufweisen. Diese Kategorie erschließt sich ebenfalls aus der kriminellen Vorgeschichte, der Tatdynamik, der Persönlichkeit in Verbindung mit einer psychischen Störung und aus einer fehlgeschlagenen Rückfallprävention während der Inhaftierung. Jedoch verfügen latent rückfallgefährdete Sexualstraftäter über protektive und risikorelevante Bedingungen wie labile Haltung, Persönlichkeitsfaktoren und eine rückfallpräventive Wirkung. Außerdem leben sie abstinent von Suchtmitteln, haben eine Einbindung von Behandlungen und Therapien, Familie / Partnerschaft, gehen einer Arbeit nach, besitzen ein soziales Umfeld und nehmen konsequent Medikamente ein. Es ist dennoch davon auszugehen, dass jederzeit eine weitere Straftat begangen werden kann.

Ebenfalls wie bei Kategorie A wird bei B ein Risikoprofil während der Inhaftierung angelegt, um die passende Einstufung vornehmen zu können (vgl. ebd., S. 657).

Kategorie C

Diese Kategorie beschreibt alle Sexualstraftäter, die nach der Haftentlassung unter Führungsaufsicht stehen, jedoch nicht unter Kategorie A oder B fallen. Außerdem wurden auch Sexualstraftäter in das Konzept aufgenommen, die bereits vor der Inkraftsetzung des Konzeptes entlassen wurden, aber noch ein Jahr unter Führungsaufsicht stehen.

Ebenfalls gehören zu dieser Kategorie Sexualstraftäter, die zuvor nicht stationär inhaftiert wurden. In diesem Fall erfolgt direkt die Einstufung dieser Kategorie C.

Für die Einstufung der Rückfallgefahr sind für die Jugendsexualstraftäter die jeweiligen Jugendanstalten und für erwachsene Sexualstraftäter das Prognosezentrum des niedersächsischen Justizvollzuges verantwortlich (vgl. ebd., S.657 f.).

3.3.3 Verfahren bis zur Kategorisierung

Das Verfahren von KURS beginnt sechs Monate vor der Entlassung des Sexualstraftäters. Zu diesem Zeitpunkt wird von der zuständigen Stelle die Einstufung in die Kategorien nach 3.4.2 vorgenommen und ein Risikoprofil erstellt. Die Staatsanwaltschaft und ggf. der / die Vollstreckungsleiter / Vollstreckungsleiterin der

Jugendanstalt wird dann vier Monate vor der Entlassung über die Einstufung informiert. Die Übermittlung dieser Daten erfolgt ausschließlich mit dem dafür vorgesehenen Meldebogen mit dem Titel „Erstmeldung", der insbesondere bei der Kategorie A und B besondere detaillierte Angaben zum Rückfallrisiko und die möglichen risikorelevanten Bedingungen aufweist.

Vierzehn Tage vor der Entlassung kann eine Aktualisierung dieses Meldebogens stattfinden (vgl. ebd., S. 658) .

3.3.4 Berufsfelder

Im folgenden Abschnitt sind die wesentlichen Berufsfelder aufgelistet und kurz beschrieben. Diese Berufsfelder werden jedoch nur in Bezug auf KURS erläutert. Der Fokus liegt dabei auf der Führungsaufsicht und der Bewährungshilfe, da diese die Arbeitsbereiche von Justizsozialarbeitern / Justizsozialarbeiterinnen sind.

Staatsanwaltschaft

Im Duden wird die Staatsanwaltschaft als ein Teil der Justizbehörde betitelt. Die Aufgaben liegen vor allem in der Durchführung und Veranlassung von Ermittlungsverfahren und der Anklageerhebung in Strafsachen (vgl. Duden, o.J.).

Im Fall einer vollstreckten Inhaftierung, ist die Staatsanwaltschaft auch eine Vollstreckungsbehörde.

In Bezug auf Sexualstraftäter handelt die Staatsanwaltschaft von Beginn an des Ermittlungsverfahrens bis hin zur Vollstreckung der Freiheitsstrafe und darüber hinaus auch zur Vollstreckung von Weisungen und Auflagen.

Im Rahmen von KURS ist die Staatsanwaltschaft eine leitende Stelle. Denn die Staatsanwaltschaft erhält kurz vor der Entlassung des Sexualstraftäters das bereits beschriebene Formblatt und leitet dies an die zentrale KURS Stelle im Landeskriminalamt Niedersachsen und an die Führungsaufsichtsstelle weiter.

Die Staatsanwaltschaft hat auch die Aufgabe die KURS Zentrale über alle Änderungen von Auflagen und Weisungen, Verlängerungen oder ggf. Verkürzungen und auch das Ende der Führungsaufsicht zu informieren.

Somit ist die Staatsanwaltschaft eine zentrale Stelle in KURS (vgl. KURS, 2010, S. 662 ff.).

Zentralstelle KURS im Landeskriminalamt Niedersachsen

Die Zentralstelle KURS ist verantwortlich für die polizeiliche Informationssteuerung und leitet die KURS-Datei. Außerdem ist sie die Hauptstelle, bei der alle Informationen von Staatsanwaltschaft, Polizei und Führungsaufsicht gesammelt, gespeichert und erweitert werden. Sie leitet und koordiniert den Informationsaustausch mit anderen Bundesländern, falls ein Sexualstraftäter nach der Haftentlassung in ein anderes Bundesland zieht (vgl. ebd., S. 664 ff.).

Polizei

Die Polizei, die ihren Hauptsitz in der Zentralstelle im Landeskriminalamt Niedersachen hat, ist verantwortlich für die Recherchearbeit mit den dazugehörigen Erkenntnissen aus polizeilichen Datenquellen. Sie leiten den Informationsaustausch zu den einzelnen beteiligten Polizeistellen weiter. Die jeweilige Polizeiwache entscheidet dann, welche polizeipräventiven Maßnahmen vollzogen werden können, um die Rückfallgefahr des Sexualstraftäters zu reduzieren. Es findet auch eine vollständige Falldokumentation statt.

Bei Fällen der Kategorie A und B berät bei Übergabe der Fallzuständigkeit die Polizei im Rahmen der Gefährdungseinschätzung und erläutert aktuelle Maßnahmen (vgl. ebd., 2010, S. 664).

Führungsaufsicht

Die Führungsaufsicht kann nach §68 f. StGB unterstellt werden. Sie hat zum einen die Aufgaben der Betreuung und Hilfe, die bei Lebensproblemen unterstützten soll und zum anderen die Überwachung und Wiedereingliederung, um die Gesellschaft vor weiteren Straftaten zu schützen (vgl. Grosser, 2018, S. 217).

Schon vor der Entlassung des Sexualstraftäters wird die Führungsaufsicht tätig und nimmt den Kontakt zum Klienten und ggf. zum / zur zuständigen Justizsozialarbeiter / Justizsozialarbeiterin auf. Während der Maßnahme steht die Führungsaufsicht in enger Zusammenarbeit mit der Bewährungshilfe, wenn das Gericht einen / eine Bewährungshelfer / Bewährungshelferin unterstellt hat. Der gesamte Hilfe- und Kontrollprozess wird von der Führungsaufsicht als auch von der Bewährungshilfe in enger Abstimmung geleitet.

Mit Beginn der Führungsaufsicht werden an den / der Justizsozialarbeiter / Justizsozialarbeiterin alle Unterlagen weitergeleitet. Das Erstgespräch mit dem Sexualstraftäter findet mit dem / der Justizsozialarbeiter / Justizsozialarbeiterin und der Führungsaufsicht in der Justizvollzugsanstalt statt. Nach der Haftentlassung veranlasst die Führungsaufsichtsstelle eine polizeiliche Beobachtung des Klienten, die die gesamte Führungsaufsicht andauert. Außerdem informiert die Führungsaufsichtsstelle, mit Informationen des Justizsozialdienstes, das zuständige Gericht über den Verlauf derFührungsaufsicht. Sollte ein Klient einen Kontaktabbruch zum / zur Justizsozialarbeiter / Justizsozialarbeiterin vornehmen, so wird dieser unverzüglich der Führungsaufsicht gemeldet. Diese leitet den Kontaktabbruch nach Ablauf von drei Tagen an die Polizei weiter. Weitere Maßnahmen werden dann durch alle Netzwerkpartner am so genannten „Runden Tisch" besprochen. Auch eine Ausschreibung zu Aufenthaltsermittlung kann veranlasst werden. Auflagen und Weisungen, die von dem Klienten nicht erfüllt werden, müssen dem Gericht gemeldet werden. Diese Auflagen und Weisungen werden in regelmäßigen Abständen geprüft und können verändert oder auch ergänzt werden. Dafür gibt die Führungsaufsicht in Abstimmung mit dem Justizsozialdienst eine Stellungnahme an das Gericht ab. Dort kann dann eine Änderung veranlasst werden.

Die Dauer der Führungsaufsicht beträgt mindestens zwei Jahre und höchstens fünf Jahre. Unter bestimmten Vorraussetzungen kann das Gericht auch über die fünf Jahre hinaus bis zu einer unbefristeten Führungsaufsicht verlängern (vgl. KURS, 2010, S. 669).

Bewährungshilfe

Die Bewährungshilfe ist der Aufgabenbereich von Justizsozialarbeitern / Justizsozialarbeiterinnen, die im Rahmen des Ambulanten Justizsozialdienstes tätig sind. Nach §56 d Abs. 3 StGB hat die Bewährungshilfe einen gesetzlichen Auftrag, der die Betreuung und Überwachung des Klienten beinhaltet. Der / die Bewährungshelfer / Bewährungshelferin muss eine besondere Ausbildung durchlaufen haben, um die Qualifikation zum Umgang mit Sexualstraftätern zu erhalten. Diese Qualifikation muss gegeben sein, um einen professionelle Umgang mit dem Klienten und den dazu gehörigen Aufgaben gewährleisten zu können. Justizsozialarbeiter / Justizsozialarbeiterinnen haben die überwachende Funktion der Auflagen und Weisungen und sind der / die direkte Betreuer / Betreuerin des Sexualstraftäters. Diese Qualifikation beinhaltet spezielle Kenntnisse über verschiedene Erscheinungsformen von sexualstraffälligem Verhalten und die dazugehörigen Deliktverläufe. Außerdem müssen Justizsozialarbeiter / Justizsozialarbeiterinnen mit dem Sexualstraftäter über das straffällige Verhalten angemessen sprechen können.

Justizsozialarbeiter / Justizsozialarbeiterinnen, die in der Bewährungshilfe tätig sind und ihren Schwerpunkt auf Sexualstraftäter gelegt haben, müssen auch an Fortbildungen teilnehmen (vgl. ebd., S. 673).

Im folgenden Kapitel wird an die Arbeit von Justizsozialarbeitern / Justizsozialarbeiterinnen angeknüpft und eine ausführliche Auseinandersetzung mit den Herausforderungen im Umgang mit rückfallgefährdeten Sexualstraftätern in KURS erläutert.

4 Herausforderungen für Justizsozialarbeitende im ambulanten Wiedereingliederungsprozess

Das folgende Kapitel befasst sich mit den Herausforderungen für Sozialarbeiter / Sozialarbeiterinnen im Umgang mit rückfallgefährdeten Sexualstraftätern. Dabei bezieht s ich das Arbeitsfeld speziell auf Justizsozialarbeitern / Justizsozialarbeiterinnen.

In den folgenden Abschnitten wird Bezug genommen auf die Fachliche Klärung, die professionellen Aufgaben und Methoden, das gesellschaftliche Bild, die Medien und Öffentlichkeitsarbeit und auf besondere Klientengruppen.

4.1 Fachliche Klärung

Um im Arbeitsbereich der Bewährungshilfe beim ambulanten Justizsozialdienst als Justizsozialarbeiter / Justizsozialarbeiterin tätig zu sein, ist ein abgeschlossenes Studium der Sozialen Arbeit inklusive der staatlichen Anerkennung notwendig. Ebenso wird die Bereitschaft mit allen Zielgruppen zu arbeiten, insbesondere jedoch der Umgang mit Gewalt- und Sexualstraftätern, vorausgesetzt. Damit Justizsozialarbeiter / Justizsozialarbeiterin im Umgang mit Gewalt- und Sexualstraftätern professionell und geschult arbeiten, wird eine zusätzliche interne Qualifizierung vom Land Niedersachsen vorgenommen. Der Inhalt dieser Qualifizierung ist nicht öffentlich einsehbar. Weitere Voraussetzungen sind die Bereitschaft an Supervisionen und kollegialen Beratungen teilzunehmen und sich durch Fortbildungen stetig weiterzuentwickeln. Kenntnisse von modernen Informations- und Kommunikationstechniken, ein Führerschein der Klasse B, einen eigenen Pkw sowie die Durchführung und Bereitschaft von Sprechstunden mit außerüblichen Geschäftszeiten werden Justizsozialarbeitenden erwartet. Neben diesen Voraussetzungen muss ein sicheres Auftreten gegenüber jedem / jeder Klient / Klientin, insbesondere jedoch bei Sexualstraftätern, in Verbindung mit Verhandlungsgeschick gewährleistet sein. Zusätzlich muss jeder / jede Justizsozialarbeiter / Justizsozialarbeiterin soziale Gruppenarbeiten durchführen (vgl. Ambulanter Justizsozialdienst Niedersachsen (1), 2019).

Durch diese besondere fachliche Klärung, die im Umgang mit Sexualstraftätern erforderlich ist, stellt sich eine Herausforderung dar.

4.2 Professionelle Aufgaben und Methoden

Eine pädagogische Professionalität im Umgang mit Sexualstraftätern setzt sich aus verschiedenen Aspekten zusammen.

Wissen ist eine Grundvoraussetzung um als Justizsozialarbeiter / Justizsozialarbeiterin arbeiten zu können. Dieses Wissen wird durch Bildung und Ausbildung erlangt und muss stetig weitergeführt werden. Neues wissenschaftliches Wissen, Erfahrungsberichte und Präventions- und Sexualpädagogische Konzepte müssen immer wieder auf ein Neues erweitert werden, um die Professionalität gewähren zu können. Im Umgang mit Sexualstraftätern ist der Zusammenhang von Pädagogik und Macht in Verbindung mit Sexualität ein wichtiges Thema. Darüber hinaus müssen auch die Auswirkungen von sexualisierter Gewalt sowie Kenntnisse über die unterschiedlichen Gewaltformen und besonderer Risikogruppen bekannt sein (vgl. Böllert, 2014, S. 144).

Speziell in KURS sind die Risikogruppen bereits unterteilt, so dass man sich auf den Umgang mit dem Klienten vorbereiten und das Risiko einschätzen kann.

Um eine professionelle Haltung als Justizsozialarbeiter / Justizsozialarbeiterinnen zu haben, muss eine Grundhaltung gegeben sein, die sich aus inneren ethischen Prinzipien zusammensetzt. Diese sollte moralisch vertretbar sein und durch Werte und Normen gestärkt werden. Diese Haltung dient als Selbstkonzept jeder Fachkraft und beeinflusst die Entscheidungen und Handlungen in der Arbeit mit Sexualstraftätern. Die professionelle Haltung wächst mit eigenen Erfahrungen und Verbindungen mit theoretischem Wissen. Somit wird die Haltung im Alltag gestärkt und kann erst nach dem Berufseinstieg entwickelt werden (vgl. ebd., S. 147).

Prof. Dr. Staub-Bernasconi hat die Haltung, dass der Mensch mit seiner Persönlichkeit gesehen werden muss. Dabei kommt es nicht darauf an, welche negativen Eigenschaften ein Mensch hat. Es muss darauf geachtet werden, welche Geschichte hinter dem Menschen steht und welche Bedürfnisse das Leben beherrschen (vgl. Staub-Bernasconi, 2018, S. 87).

Denn nach Alice Salomon beschreibt Staub-Bernasconi, „[...] Jedes menschliche Leben ist von Bedürfnissen beherrscht. von der Befriedigung bestimmter Bedürfnisse hängt die Existenz der Menschen ab [...]". (Salomon, A., (1923): Einführung in die Volkswirtschaftslehre. 6. Auflage. Leipzig, Berlin. Zitiert nach: Staub-Bernasconi, 2018, S.87). Um diese Haltung von Staub-Bernasconi auf Sexualstraftäter anzuwenden, muss eine professionelle Haltung dem Menschen gegenüber bestehen. Sexualstraftäter sollen demnach nicht als außenstehende Gruppe definiert werden, sondern als Teil der Gesellschaft angesehen werden, die ebenfalls von Bedürfnissen geprägt ist. Dennoch haben Bedürfnisse Grenzen.

Trotzdem braucht professionelles Handeln im Umgang mit Sexualstraftätern „[...] die Fähigkeit und Bereitschaft, über erschreckende Handlungen zu kommunizieren. Ziel muss sein, das Angstmachende für möglich zu halten, Rückfälle zu antizipieren, sich darauf vorzubereiten und mentale Umgangsweisen damit zu entwickeln" (Stiels- Glenn, 2010, S. 98) Die Haltung gegenüber Sexualstraftätern sollte somit nicht nur nach Staub-Bernasconi als Mensch mit Bedürfnissen, sondern auch mit dem nötigen Respekt und dem Bewusstsein der Gefahr nach Dr. Stiels-Glenn angesehen werden. Zumal es in Bezug auf die Bedürfnisse eines Sexualstraftäters fraglich ist, da diese rechtlich nicht vertretbar sind. Denn die Befriedung der Bedürfnissen dürfen keine nachteiligen Auswirkungen auf andere Menschen haben oder die Würde eines anderen Menschen angreifen.

Die im Alltag erlebten Situationen und Begegnungen müssen, um die Professionalität zu wahren, reflektiert werden. Die Arbeit mit Sexualstraftätern besteht aus einer pädagogischen Beziehung, die sich in einem strukturellen Ungleichgewicht befindet. Auf der einen Seite steht der Sexualstraftäter, auf der anderen Seite der / die Justizsozialarbeiter / Justizsozialarbeiterin, die einen Kontrollauftrag haben und das Machtverhältnis klärt. Ein / eine Justizsozialarbeiter / Justizsozialarbeiterin hat großen Einfluss auf den Sexualstraftäter, da die getroffenen Entscheidungen das Leben des Sexualstraftäters ändern können. Begeht z.B. der Klient während der Teilnahme an KURS ein Delikt oder kommt seinen Auflagen, die das Gericht angewiesen hat, nicht nach so muss der / die Justizsozialarbeiter / Justizsozialarbeiterin das Vergehen dem Gericht melden, welches eine Inhaftierung zur Folge haben könnte (vgl. Conen / Cecchin, 2011, S. 39 ff.).

Die Arbeit zwischen dem / der Justizsozialarbeiter / Justizsozialarbeiterin und dem Klienten bzw. dem Sexualstraftäter, findet somit in einem Zwangskontext statt. Die Arbeit im Zwangskontext kann von fehlender Motivation und Widerstand geprägt sein (vgl. Kanfer / Reinecker / Schmelzer, 2012, S. 406 ff.).

Außerdem werden durch den Zwangskontext die Handlungsspielräume des / der Justizsozialarbeiters / Justizsozialarbeiterin und des Sexualstraftäters eingeschränkt. Diesbezüglich können sich Klienten in seiner Freiheit bedroht fühlen. Besonders bei KURS Klienten, die während ihrer Inhaftierung schon einen Freiheitsverlust erlebt haben, kann dies auch nach der Enthaltung vorkommen.

Während der Arbeit im Zwangskontext kann es zu folgenden Reaktionen der Klienten kommen:

- „Missverstehen bzw. Nichteinhaltung von getroffenen Vereinbarungen [...]
- Nichtöffnen der Haustür, Briefe, Telefonate und/ oder Termine ignorieren [...]
- Eskalieren von Problemen in anderen Bereichen [...]
- Resignation, alles über sich ergehen lassen, Passivität [...]
- Verbergen und Vorbehalten hinter überschwänglicher Kooperation [...]
- Versuche, sich beliebt zu machen, schmeicheln [...]
- Einbeziehen anderer, neuer Beteiligter, um von sich abzulenken [...]
- der Fachkraft Kompetenzen absprechen, Zweifeln an Sinn und Zweck äußern [...]"(Zobrist / Kähler, 2017, S. 98 f.)

Nachdem nun viele Aspekte aufgezeigt wurden, die den Zwangskontext sehr kritisch und negativ ansehen, betont Foucault in diesem Zusammenhang, dass Macht auch etwas Produktives hervorrufen kann und sie nicht nur als etwas negatives dargestellt werden sollte. Denn Macht sollte nicht nur als unterdrückend, ausschließend, zensierend und verdrängende wahrgenommen werden (vgl. Conen / Cecchin, 2011, S.42).

Nach Foucault besteht in jeder zwischenmenschlichen Beziehung, ob beruflich oder privat, ein Machtverhältnis. Deshalb ist er der Meinung, dass keine Methode für den Umgang mit Macht notwendig wäre, da Macht fest in die Gesellschaft integriert ist. Somit ist davon auszugehen, dass die Macht eine einschränkende und produktive Wirkung aufweist (vgl. ebd., S. 44 f.).

Um diese Aussage von Foucault in Bezug auf die Arbeit der Justizsozialarbeiter / Justizsozialarbeiterinnen und den Klienten während der KURS Maßnahme anzuwenden, lässt sich seine Meinung nachdrücklich unterstützen. Denn durch den Zwangskontext und der gerichtlich verordneten Teilnahme an KURS, lässt sich die Gesellschaft vor rückfallgefährdeten Sexualstraftätern schützen.

Außerdem ist jeder Klient individuell zu betrachten. Daher ist es möglich das Klienten diese Eingrenzung und Kontrolle des / der Justizsozialarbeiters / Justizsozialarbeiterin als eine Art Entlastung sehen, da ihnen einige Entscheidungen abgenommen werden und sie die eingegrenzte Entscheidungsfreiheit nicht als Bedrohung ansehen (vgl. Zobrist / Kähler, 2017, S. 98).

Sexualstraftäter, die nach langer Zeit aus der Haft entlassen wurden, lebten während der Inhaftierung mit Einschränkungen. Somit kann die gelockerte Einschränkung nach der Haftentlassung für Struktur sorgen und erleichtert den Übergang zu einem selbstbestimmten Leben (vgl. Conen / Cecchin, 2011, S. 103).

Der Zwangskontext hat neben den positiven und negativen Aspekten für den Klienten / Sexualstraftäter auch Auswirkungen auf den / die Justizsozialarbeiter / Justizsozialarbeiterin. Denn der / die Justizsozialarbeiter / Justizsozialarbeiterin muss nach den Anforderungen des Gerichts arbeiten. Zusätzlich können sie mit unmotivierten und desinteressierten Klienten konfrontiert werden, was auf Dauer die eigene Motivation senken kann (vgl. ebd., S. 103).

Justizsozialarbeiter / Justizsozialarbeiterinnen müssen in ihrem professionellen Handeln ihre eigenen Emotionen zurückhalten. Dies fällt besonders im Umgang mit Sexualstraftätern nicht leicht, da über sexualstraffälliges Verhalten gesprochen wird. Dennoch muss die Zusammenarbeit zwischen dem Sexualstraftäter und dem / der Justizsozialarbeiter / Justizsozialarbeiterin neutral verlaufen.

Trotzdem gibt es die Möglichkeit bestimmte Wertvorstellungen und Verhaltensweisen, wie sexuelle Gewalt, als missbilligend darzustellen. Dabei muss darauf geachtet werden, keine bewertenden Aussagen zu tätigen (vgl. ebd., S. 106 ff.).

Im Alltag eines / einer Justizsozialarbeiters / Justizsozialarbeiterin kann es zu Zuständigkeitsgrenzen kommen. Deshalb muss Nähe und auch Distanz in der Beziehungsarbeit gegeben sein. Die pädagogische Beziehungsarbeit muss durch eine angemessene Abgrenzung geprägt sein und braucht die Möglichkeit einer fachlich angeleiteten Reflexion. In dieser Reflexion können Grenzen besprochen und Machtverhältnisse im pädagogischen Beziehungen thematisiert werden. Ebenso wird im Rahmen dieser Reflexion eine kollegiale Fallberatung durchgeführt.

Außerdem sollten Supervisionen durchgeführt werden, in denen das Erlebte in der Gruppe verarbeitet wird. Durch diese Methoden der professionellen Bewahrung wird die Selbstkompetenz gestärkt und gefördert (vgl. ebd., S. 145 ff.).

Die Beziehungsarbeit ist außerdem im Rahmen von Case Management notwendig. Case Management steht für Einzelfallhilfe und sorgt dafür, dass dem Klienten eine Vertrauensperson unterstützend und mit Hilfestellungen zur Seite steht. Dabei soll es von Beginn an möglich sein ohne Hemmschwelle über Probleme und Krisensituationen zu sprechen. In Bezug auf KURS bedeutet das, dass dem Sexualstraftäter ein / eine Justizsozialarbeiter / Justizsozialarbeiterin übergeordnet wird, um auf einer vertrauensvollen Ebene zusammenzuarbeiten. Der / die Justizsozialarbeiter/

Justizsozialarbeiterin hat im Case Management die Aufgabe dem Klienten ermutigende und motivierende Unterstützung und Halt zu geben und einzelne Situationen gemeinsam zu reflektieren. Mit klaren Strukturen wie z.B. einer Kontaktfrequenz kann der / die Justizsozialarbeiter / Justizsozialarbeiterin Halt geben.

Durch das Case Management entsteht eine reflektierte Arbeitsbeziehung, die ein gezieltes und geplantes Verfahren auf jeden Klienten individuell anpasst.

Ein / eine Justizsozialarbeiter / Justizsozialarbeiterin passt somit das Vorgehen und Verfahren speziell auf den Sexualstraftäter an. Es wird gemeinsam nach bereits bestehenden Ressourcen und nach weiteren möglichen geschaut. Zusätzlich leistet der/ die Justizsozialarbeiter / Justizsozialarbeiterin Netzwerkarbeit mit weiteren involvierten professionellen Dienstleistern. Im speziellen Fall von KURS sind das die Polizei und Staatsanwaltschaft. Es kann auch weitere Netzwerkmitglieder wie z.B. Therapeuten / Therapeutinnen, zu Ärzten / Ärztinnen und Wohnheime geben.

Die Beziehungsarbeit zwischen dem Sexualstraftäter und dem / der Justizsozialarbeiter / Justizsozialarbeiterin besteht aus sachlichen und auch aus persönlichen Themen des Klienten. Daher ist für das Case Management eine Vertrauensbasis der Grundstein (vgl. Neuffer, 2013, S. 31-34).

Ressourcen, die gemeinsam mit dem / der Justizsozialarbeiter / Justizsozialarbeiterin erarbeitet werden, haben das Ziel den Sexualstraftäter zu stärken und positive Aspekte und Kontakte in den Vordergrund zu stellen. Denn meistens befindet sich ein Sexualstraftäter in komplexen mehrfach belasteten Situationen. Dies kann von Problemen bei der Wohnungssuche nach der Haftentlassung bis hin zu privaten familiären Problemen reichen. Dadurch wird eine ressourcenorientierte Fallarbeit auf mehreren Ebenen ausgeführt. Zum einen werden persönliche Ressourcen gesucht, die vorhandene Kompetenzen stärken sollen. Dabei ist nicht relevant in welchem Bereich die bereits vorhandenen Kompetenzen liegen. Diese Ressource soll als Motivation dienen und weiter ausgeübt werden. Bei den familiären Ressourcen liegt der Fokus auf den einzelnen Familienmitgliedern und deren Beziehungsarbeit. Die sozialökonomischen Ressourcen erweitern das Netzwerk ebenso wie die sozialen Kompetenz durch Verwandte, Freunde und Nachbarn (vgl. ebd., S. 26 ff.).

Neben der Möglichkeit Motivation über Ressourcen aufzubauen, leisten auch die Justizsozialarbeiter / Justizsozialarbeiterinnen Motivationsarbeit, indem sie eine motivierende Gesprächsführung als Methode verwenden.

Durch gemeinsame Erarbeitung der Zielsetzung kann Motivation entstehen. Werden dann in der weiteren Zusammenarbeit Widersprüche im aktuellem Verhalten erkannt, kann auf dieses abweichende Verhalten hingewiesen werden (vgl. Weigl / Mikutta, 2019, S. 5).

Ziel dieser motivierenden Gesprächsführung ist es eine Veränderung am bisherigen Verhalten zu motivieren (vgl. Miller / Rollnick, 2015 S. 38).

Dies kann jedoch nur gelingen, wenn die Kommunikation zwischen dem / der Justizsozialarbeiter/ Justizsozialarbeiterin mit Empathie und Akzeptanz erfolgt. Mit Akzeptanz ist dabei nicht gemeint, die gleichen Ansichten zu vertreten, sondern die Perspektiven des Klienten zu verstehen und ihm die Freiheit zukommen zu lassen sich zu ändern (vgl. Klug / Schaitl, 2012, S. 66).

In Zusammenarbeit mit Sexualstraftätern wird der Fokus besonders auf die Veränderungsmotivation gelegt. Die Veränderungsmotivation soll dazu beitragen, dass in Zukunft andere Lebenslagen aufgesucht werden und eigene bisherige Auffassungen überdacht und besten Falls aufgehoben werden. Außerdem sollen die Klienten lernen Dinge zu akzeptieren, die zuvor abgelehnt wurden (vgl. Klug / Zobrist, 2016, S. 28).

Neben der Case Management Methode bestehen aber auch andere methodische Ansätze und Theorien, wie der lebensweltorientierte Ansatz nach Hans Thiersch und den der Bewältigungsansatz nach Lothar Bönisch. Auch diese Ansätze der Sozialen Arbeit lassen sich im Umgang mit Sexualstraftätern anwenden. Diese Bachelorarbeit hat sich bewusst auf die Case Management Methode fokussiert, da in der Bewährungshilfe diese Einzelfallmethode die bekannteste ist und sie auch in den Qualitätsstandards, nach dem die Bewährungshilfe arbeitet, beschrieben ist (vgl. Ambulanter Justizsozialdienst Niedersachsen (2), 2017) Somit lässt sich nicht ausschließlich eine Methode oder Theorie im Umgang mit Sexualstraftätern als die ‚richtige' darstellen, sondern man muss auf das Individuum eingehen und klientengerecht handeln.

In Bezug auf diese Auflistung von professionellen Aufgaben und Methoden lässt sich zusammenfassend die Arbeit im Umgang mit Sexualstraftätern als eine Herausforderung beschreiben.

4.3 Gesellschaftliches Bild

In der heutigen Gesellschaft wird verlangt, dass man Verhaltensweisen in „gut und böse" unterteilt. Dabei wird hauptsächlich auf Moral und Sittlichkeit geachtet.

Doch diese Ansicht von „gut und böse" hat sich in den letzten Jahrhunderten sehr geändert. Als Beispiel haben die Menschen im früheren Jahrhundert nach den 10 Geboten gelebt. In der heutigen modernen Gesellschaft haben von den 10 Geboten viele keine Bedeutung mehr. So ist das Ehren der Väter und Mütter sehr in den Hintergrund gestellt, Ehebruch und Scheidungen gehören zum Alltag und Neid dient heute als Motivation zur kapitalistischen Gesellschaft (vgl. Oberlies, 2013, S. 18).

Wie bereits im Soziokulturellenansatz erläutert, gab und gibt es unterschiedliche Sichtweisen und Auffassungen was als Sexualstraftat bezeichnet wird.

Außerdem beschreibt der soziokulturelle Ansatz gesellschaftliche Mythen von Sexualstraftätern. Diese Mythen bestehen auch in der heutigen Zeit. Sie orientieren sich an der Darstellung von Sexualstraftätern und erweitern diese durch die allgemeine Kriminalität. Die Gesellschaft differenziert dabei nicht, schaut mit keinem kritischen Blickwinkel auf Sexualstraftäter, sondern erweitert eine abstrakte Vorstellung (vgl. Keßler, 2014, S. 35).

In der Gesellschaft liegt der Fokus auf männlichen Sexualstraftätern. Die Gesellschaft bewertet die sexuelle Selbstbestimmung als ein sehr hohes Gut der Menschenrechte. Findet eine Rechtsgutverletzung durch ein Sexualdelikt statt, so wird dies von der Gesellschaft sehr ernst und durch Vorurteile verstärkt wahrgenommen im Gegensatz zu anderen Kriminaldelikten. Somit sind Sexualdelikte in der Gesellschaft von großer Bedeutung (vgl.Seifert, 2014, S. 68). Hinzu kommt die Unsicherheit und die Ängste selber Opfer zu werden, die dafür sorgen, dass eine verzerrte Wahrnehmung, Darstellung und Bewertung von Sexualstraftätern erfolgt (vgl. Keßler, 2014, S. 29 f.).

Trotz der verzerrten Wahrnehmung beschreibt Stiels Glenn, dass die Sichtweise der Gesellschaft unter Berücksichtigung der professionellen möglichen Gefahren im Blick behalten werden muss. Dabei besteht jedoch die Gefahr der Ausgrenzung der Täter und auch der mit ihm zusammenarbeitenden Personen. Die Abgrenzung der Gesellschaft kann somit auch gegen die helfenden Personen des Sexualstraftätern gerichtet sein (vgl. Stiels-Glenn, 2010, S. 96). Dennoch sollte keine Ausgrenzung aus der Gesellschaft von Sexualstraftätern stattfinden, da dies die Wut und Frustration des Betroffenen erhöht und möglicherweise die Gefahr des Rückfallrisikos steigert (vgl. ebd. S. 96).

Denn nur, wenn keine Ausgrenzung stattfindet, kann eine Wiedereingliederung gelingen. Die Wiedereingliederung ist abhängig von der Gesellschaft. Nur wenn von der Gesellschaft keine ausgrenzenden Reaktionen oder beispielsweise Protestdemonstrationen stattfinden, kann eine Wiedereingliederung stattfinden. Eine negativ behaftete Meinung und Haltung kann sogar einen gegenteiligen Aspekt aufrufen. In der Zeitschriftenausgabe „Bewährungshilfe- Soziales, Strafrecht, Kriminalpolitik 63" aus dem Jahr 2016, beschreibt Höing sogar, dass durch die gesellschaftliche Ausgrenzung und Stigmatisierung von Sexualstraftätern, Justizsozialarbeiter / Justizsozialarbeiterinnen neben den normalen Herausforderungen auch mit besonderen Herausforderungen konfrontiert werden (vgl. Höing, 2016, S. 270 ff.).

4.4 Medien und Öffentlichkeitsarbeit

Die Medien und Öffentlichkeit tragen die Verantwortung dafür, dass ein soziales Problem publik gemacht und in der Gesellschaft verbreitet wird. Medien dienen deshalb der Verbreitung einer Problemwahrnehmung. Sie bestimmen darüber, welches Probleme auch in der Gesellschaft zu einer Problemwahrnehmung führen und welches Ausmaß dieses annimmt. Einen besonderen Stand haben emotionale Probleme in der Gesellschaft. Diese werden Verstärkt wahrgenommen und bewirken eine starke Auseinandersetzung mit dem Themengebiet. Auch Sexualstraftaten zählen zu den emotionalen Straftaten und werden in den Medien besonders oft und fokussierter dargestellt. Medien fokussieren sich besonders auf dramatische Kriminalfälle. Je außergewöhnlicher die Tat, desto öfter und dramatischer sind die Medienbeiträge gestaltet. So werden in den Medien gerne negative Bezeichnungen wie „Sextäter", „Sexmonster" oder „Kinderschänder" verwendet (vgl. Seifert, 2014, S. 66 ff.).

Warum die Medien so handeln, hängt mit der Marktwirtschaft zusammen. Denn Ziel ist es viele Einschaltquoten bzw. Auflagen zu erhalten, welche sie durch außergewöhnliche und dramatische Beitrage bekommen (vgl. Haas, 2017, S. 591).

Medien können sich den Fokus ihres Beitrages frei auswählen. So können sie auch das Opfer in den Fokus stellen. Doch nicht nur die Medien können hinter dem Opfer stehen, sondern auch die Politik und die Gesellschaft. Somit betiteln sie den Sexualstraftäter als gemeinsamen Feind. Dieses Verhalten lässt auf eine opferzentrierte Wahrnehmung schließen. Das Opfer kann nach einer solchen Tat im Mittelpunkt stehen und viel Handlungsfreiraum bekommen. Zum Beispiel kann das Opfer in den Medien frei die Ängste und Rachegefühle äußern. Das hat zur Folge, dass die gesamte Gesellschaft durch das Verhalten der Medien traumatisiert ist und sich jeder als potentielles Opfer sieht. Daraus resultiert eine Wirklichkeitsverzerrung der Straftat (vgl. Keßler, 2014, S. 25 f.).

In der Literatur lässt sich jedoch auch die Aussage finden, dass die Gesellschaft täterorientiert ist. Jamin und Grandt beschreiben bereits in Ihrem Vorwort ihres Buches, dass sich die Gesellschaft ausschließlich täterorientiert verhält, da diese die volle Aufmerksamkeit der Medien bekommen, besonders wenn es um ein Gerichtsverfahren geht. Dieser Aussage ist jedoch kritisch zu betrachten, da sie bereits aus dem Jahr 2002 stammt (vgl. Grandt / Jami, 2002, S. 7f.). Dennoch ist nicht abzustreiten, dass die Täter durch die Medien, auch besonders während eines Gerichtsverfahrens, fokussiert werden. Somit lässt sich nicht sagen, ob die Gesellschaft täter- oder opferorientiert ist. Es ist aber darauf zurückzukommen, dass Sexualstraftaten ein großes Thema der Medien sind, die im Gegensatz zu anderen Straftaten besonders, fokussiert werden.

Durch diese besondere Fokussierung und der Wahrnehmungsverzerrung kommt es in der Gesellschaft zu der Auffassung, dass ein hohes Opferrisiko besteht. Dadurch steigt die Kriminalitätsfurcht (vgl. Eisenberg / Kölbel, 2017, S. 302). Das hat die Auswirkung, dass Sexualstraftäter nach Meinung der Gesellschaft härter bestraft werden sollen, da sie eine eigene Bedrohung befürchten (Vgl. Keßler, 2014, S. 14). Diese Bestrafungen werden durch die Medien publik gemacht und zeigen, dass auch der Staat eine hohe Bestrafung vorsieht. Im StGB ist u.a. die Bestrafung von Sexualdelikten geregelt. Dort ist festgelegt, dass Sexualdelikte mit bis zu 10 Jahren oder lebenslänglich bestraft werden können (vgl. dejure.org, o.J.).

Letztendlich ist zu erkennen, dass der Staat diese Handlungen einzelner Gesellschaftsmitglieder bestraft. In der Literatur lässt sich diese Bestrafung auch als Aufforderung ansehen, sich gegen das ‚Böse' aufzulehnen und für die Opfer zur Seite stehen. Doch diese Einstellung, „[...] was im Umkehrschluss bedeutet, dass die Betreuung und Behandlung der Täter beinahe einem Verrat der Opfer gleicht [...]" (Keßler, 2014, S. 25), äußert Kritik an Justizsozialarbeitern / Justizsozialarbeiterinnen. Denn es wird durch diese Aussage behauptet, dass sie sich gegen die Opfer stellen und sich nicht gegen das ‚Böse' auflehnen.

Doch diese Aussage lässt sich widerlegen, da Justizsozialarbeiter / Justizsozialarbeiterinnen in ihrer Arbeit nach Aussage von Teetzmann, Leiter des Ambulanten Justizsozialdienstes Niedersachsen, Präventionsarbeit für die Gesellschaft leisten (vgl. Ambulanter Justizsozialdienst Niedersachsen, o.J.). Somit leisten Justizsozialarbeiter / Justizsozialarbeiterinnen Präventionsarbeit um zukünftig Vorfälle zu vermeiden und leisten Arbeit für die Gesellschaft. Denn „[...] eine gelungene Wiedereingliederung ist der beste Opferschutz [...]" (Niedersächsisches Justizministerium, 2016).

Justizsozialarbeiter / Justizsozialarbeiterinnen müssen auch damit umgehen können, durch die Medien für die Rückfälligkeit eines Sexualstraftäters verantwortlich gemacht zu werden. Dadurch wird ein besonderer Druck auf die Justiz ausgeübt, welcher auf die Medien zurückzuführen ist. Dabei werden die Justizsozialarbeiter / Justizsozialarbeiterinnen nicht direkt benannt, sondern sie zählen allgemein zu den behandelnden Personen von Sexualstraftätern (vgl. Stiels-Glenn, 2010, S. 97).

Widersprüchlich dazu ist, dass die Medien den Beruf der Bewährungshilfe auch als verzichtbar beschreiben. Dies lässt auf mangelnde Öffentlichkeitsarbeit schließen. Doch nicht nur die Bewährungshilfe, sondern die gesamte Soziale Arbeit betitelt Haas als diskrete Profession die von der Gesellschaft mit wenig Relevanz gesehen und dadurch unangemessen gewürdigt wird. Denn Soziale Arbeit tritt in den Medien erst dann in Erscheinung, wenn Krisensituationen vorhanden sind (vgl. Haas, 2017, S. 591).

Viel mehr könnten Medien und Öffentlichkeitsarbeit zum publik machen genutzt werden, um die Wiedereingliederung besser zu ermöglichen. In Baden-Württemberg wurde diese Situation erkannt und eine freie Trägerschaft „Die Neustart gGmbH" gegründet. Diese Organisation bekam gleich am Anfang durch 100 Medienberichte Aufmerksamkeit und erhielt dadurch auch vom ARD und ZDF Interesse. Durch dieses Interesse haben die beiden Sender ebenfalls Beiträge über die Bewährungshilfe und den Wiedereingliederungsprozess veröffentlicht. Dadurch konnten Millionen von Menschen über bisherige Mythen aufgeklärt werden. Durch diese Klarstellung kann in der Gesellschaft die Wiedereingliederung einen anderen Stellenwert bekommen und die Bereitschaft an der Mitwirkung wird vergrößert. Somit können die Medien genutzt werden, die Wiedereingliederung als öffentliches Interesse wahrzunehmen und diese Maßnahme als ernst und notwenig zu betrachten (vgl. ebd. S. 594).

Abschließend haben die Medien eine große Auswirkung auf die Wahrnehmung von Sexualstraftätern. Sie sind Grund für eine verzerrte Betrachtung. Diese Wahrnehmung hat Auswirkungen auf die Arbeit eines / einer Justizsozialarbeiters / Justizsozialarbeiterin, da die Wiedereingliederung erschwert wird. Dadurch lässt sich eine besondere Herausforderung der Justizsozialarbeiter / Justizsozialarbeiterinnen durch die Medien und die Öffentlichkeitsarbeit erschließen.

4.5 Besondere Klientengruppen

Der Begriff „besondere Klientengruppen" wurd in Zusammenhang mit psychischen Störungen der Literatur von Endrass, Rossegger, Urbaniok und Borchhard entnommen (vgl. Endrass / Rossegger / Urbaniok / Borchhard, 2018, S. 278).

Straffällig gewordene Menschen können unter besonderen Vorraussetzungen im Maßregelvollzug untergebracht werden. Dazu muss die begangene Straftat im Zustand der Schuldunfähigkeit oder in verminderter Schuldfähigkeit geschehen sein. Das bedeutet, dass der Straffällige die Tat in Verbindung mit einer krankhaften seelischen Störung, einer tiefgründigen Bewusstseinsstörung, mit Schwachsinn oder auf eine andere schwerwiegende Abartigkeit ausgeführt hat (vgl. Hahn, 2018, S. 400).

Diese psychischen Störungen sind nach §§ 20, 21 StGB geregelt. Demnach fallen unter krankhafte seelische Störungen:

- „Endogene Psychosen und Residuen

- Exogene Psychosen und Residuen

- Intelligenzminderung aufgrund einer fassbaren genetischen oder hirnorganischen Schädigung" (Hahn, 2018, S. 400).

Tiefgreifende Bewusstseinsstörungen sind „[...]psychogene (affektive) Ausnahmezustände[...]" (ebd. S. 400).

Zum juristischen Begriff Schwachsinn gehört „[...]Intelligenzminderung, die nicht durch erkennbare hirnorganische oder sonstige biologische Ursachen bedingt ist" (ebd. S. 400).

Unter schwere andere Abartigkeit fallen Krankheiten wie:

- „[...]Psychopathie

- Neurosen

- Sexuelle Deviationen

- Alkohol- und Drogenabhängigkeit" (ebd. S. 400).

Zu den besonderen Klientengruppen zählen auch die persönlichkeitsgestörten Hochrisikostraftäter. Hochrisikostraftäter werden auch als Persönlichkeitsstraftäter betitelt, da das hohe Rückfallrisiko durch Persönlichkeitsfaktoren geprägt ist.

In der Arbeit mit Sexualstraftätern mit einer Persönlichkeitsstörung liegt der Fokus auf Veränderung der Persönlichkeitsstrukturen. Um dies erreichen zu können, ist ein motivierter Klient Voraussetzung und er muss Veränderungsressourcen mit sich bringen. Dennoch besteht bei Hochrisikostraftätern die Möglichkeit, dass sie auf die Therapie nicht ansprechen. Für diesen Fall ist eine lebenslange Sicherung des Straftäters vorgesehen (vgl. Rezk / Borchard, 2012, S.279 f.).

Sollte ein Sexualstraftäter mit einer Persönlichkeitsstörung in KURS eingegliedert werden, so ist die Case Management Methode mit ihrer motivierenden Gesprächsführung passend und unterstützt zusätzlich die Therapie in soweit diese parallel erfolgt.

Oft haben Hochrisikostraftäter auch ein antisoziales Verhalten. Antisoziales Verhalten enthält eine gestörte Entwicklung von „[...] Grandiosität, Egozentrismus, Kränkbarkeit, Empathiemangel, Rücksichtslosigkeit und der Tendenz zu Entwertung anderer Menschen [...]" (Rezk / Borchard, 2012, S. 282).

Dieses antisoziale Verhalten kann in sieben Kategorien unterteilt werden:

- Psychopathie
- maligner Narzissmus
- narzisstische Persönlichkeitsstörung mit antisozialem Verhalten
- andere schwere Persönlichkeitsstörungen mit antisozialen Merkmalen
- neurotische Persönlichkeitsstörung mit antisozialen Merkmalen
- antisoziales Verhalten als Teil einer symptomatischen Neurose
- dissoziale Reaktionen (vgl. Rezk / Borchard, 2012, S. 282).

Sollte eine solche Erkrankung vorliegen und der Klient an KURS beteiligt sein, so würde er in Kategorie A eingeteilt werden, da von einem akuten Rückfallrisiko auszugehen ist.

Justizsozialarbeiter / Justizsozialarbeiterinnen können auch mit Sexualstraftätern konfrontiert werden, die psychopathischen Eigenschaften haben. Psychopathische Eigenschaften sind geprägt von Unaufrichtigkeit, Egozentrismus, affektives unbeteiligt sein und Antisozialität. Oft haben diese Sexualstraftäter eine hohe Gewaltbereitschaft und eine geringe Ansprechbarkeit auf therapeutische Maßnahmen (vgl. Mokros / Habermeyer, 2012, S. 291).

Somit würde auch ein Sexualstraftäter mit diesem Krankheitsbild in die Kategorie A in KURS eingeteilt werden, da auch hier ein hohes und akutes Rückfallrisiko besteht.

Auch Sexualtäter mit der Diagnose Schizophrenie können an KURS teilnehmen. Schizophrenie ist eine psychische Erkrankung, die zu einem Realitätsverlust oder sogar zu völligen Unvermögen sorgen kann.

Bei schizophrenen Klienten ist langfristig eine günstige Beeinflussung zu erkennen, die dazu führt, die Krankheit gut unter Kontrolle zu bekommen. Besonders durch medikamentöse Behandlung in Kombination mit einer Sozialtherapie und Motivationszufuhr muss kein hohes Rückfallrisiko von Sexualstraftätern bestehen (vgl. Habermeyer / Gnoth / Lau, 2012, S. 302 f.). Sollte ein schizophrener Klient an KURS teilnehmen, ist es möglich ihn in Kategorie B einzustufen, obwohl eine psychische Störung vorliegt auch wenn diese gut handelbar ist.

Somit lässt sich sagen, das Justizsozialarbeiter / Justizsozialarbeiterinnen im Umgang mit Sexualstraftätern über psychischen Erkrankungen geschult sein müssen, da diese Klienten an KURS teilnehmen können aber einem besonderen Rückfallrisiko ausgesetzt sind.

Eine besondere Klientengruppe können auch jugendliche Sexualstraftäter sein. Auch sie können an KURS teilnehmen. Der Umgang mit Jugendlichen sollte, wie auch mit den anderen Klienten, von Respekt und Akzeptanz geprägt sein. Zusätzlich muss jedoch auch eine intensivere Bindung bestehen, da Jugendliche eine umfassendere strukturierte Maßnahme benötigen. Eine optimale Vernetzung aller involvierten beteiligten ist von großer Wichtigkeit (vgl. Besser, 2012, S. 311 ff.).

Somit ist KURS eine passende Maßnahme auch für Jugendliche, da die Vernetzung mit allen involvierten Berufsgruppen und eine intensive Betreuung durch Fachkräfte gegeben sind. Dennoch muss auch bei Jugendlichen besonders auf die Nähe und Distanz geachtet werden, da eine intensive Strukturbildung vorliegt.

Durch diesen Abschnitt wird deutlich, dass Justizsozialarbeiter / Justizsozialarbeiterinnen in der Arbeit mit rückfallgefährdeten Sexualstraftätern auch mit psychischen Krankheiten konfrontiert werden, für die ein gewisses Grundwissen vorhanden sein muss. Daraus erschließt sich ebenfalls eine besondere Herausforderung für die Justizsozialarbeit im Umgang mit Sexualstraftätern.

5 Schlussbetrachtung

In diesem letzten Kapitel ist eine Schlussbetrachtung beschrieben, die die wesentlichen Herausforderungen im Umgang mit rückfallgefährdeten männlichen Sexualstraftätern zusammenfasst.

In KURS haben Justizsozialarbeiter / Justizsozialarbeiterinnen den Auftrag rückfallgefährdete Sexualstraftäter in die Gesellschaft Wiedereinzugliedern. Um diesem Ziel nachkommen zu können, muss zunächst eine professionelle Einstellung angenommen werden, die dem Klienten Respekt und Akzeptanz gegenüber bringt. Dennoch sollte eine realistische Gefahreneinschätzung Bestandteil der Zusammenarbeit sein. Dabei ist auf Nähe und Distanz zu achten.

Zusätzlich sollten Justizsozialarbeiter / Justizsozialarbeiterinnen ihre Haltung klar vertreten und dem Klienten gegenüber auch äußern, dass sie dem bisherigen Verhalten nicht zustimmen. Dabei ist auf die richtige Kommunikation zu achten, denn es darf keine Wertung des Verhaltens stattfinden.

Außerdem soll der Auftrag der Justizsozialarbeit geklärt werden. Die Justizsozialarbeiter / Justizsozialarbeiterinnen haben einen Beratungs- und Kontrollauftrag und sind verpflichtet Fehlverhalten an das Gericht zu melden, da das Gericht die übergeordnete Institution ist.

Diese Kontrolle und Meldepflicht sollte klar kommuniziert werden, um zu vermitteln, dass Konsequenzen durch das Gericht möglich sind. Für die Klienten ist eine transparente Vorgehensweise nötig, da sie dann die Arbeitsweise der Justizsozialarbeit nachvollziehen können. Außerdem müssen klaren Regeln und Grenzen festgelegt werden. Der /die Justizsozialarbeiter / Justizsozialarbeiterin hat weiterhin die Aufgabe Auflagen und Weisungen des Gerichts zu überprüfen und auf deren Einhaltung zu achten. Die gesamte Zusammenarbeit zwischen Justizsozialarbeit und Sexualstraftäter ist somit von einem Zwangskontext geprägt.

Durch die Case Management Methode und dem Ziel der Veränderungsmotivation stehen Justizsozialarbeiter / Justizsozialarbeiterinnen und Klienten in engem und strukturiertem Kontakt, um neue Ressourcen zu erarbeiten. Die Zusammenarbeit kann von beidseitiger Motivation oder Demotivation geprägt sein. Durch den Zwangskontext kann die fehlende Motivation des Klienten auch auf den / die Justizsozialarbeiter / Justizsozialarbeiterin übertragen werden. Dies kann sowohl für den Sexualstraftäter als auch für den / die Justizsozialarbeiter / Justizsozialarbeiterin eine Herausforderung darstellen. Trotz einer fehlenden Motivation bleiben der Kontakt und die Zusammenarbeit bestehen. Es werden gemeinsam Ressourcen aus unterschiedlichen Bereichen erarbeitet, um weitere Unterstützung für den Sexualstraftäter zu aktivieren. Außerdem soll eine Aufarbeitung der Tat stattfinden, soweit auf die Konfrontation der Tat mit Einsicht reagiert wird. Veränderungsmotivation soll dazu führen falsche Sichtweisen zu erkennen und andere Meinungen zu tolerieren. Es sollen gemeinsame Ziele zur Verbesserung des Verhaltens erarbeitet und diese in regelmäßigen Abständen überprüft und reflektiert werden. Außerdem muss sich der / die Justizsozialarbeitende auch reflektieren und zusätzlich an Supervisionen teilnehmen, damit das abnorme Verhalten des Sexualstraftäters verarbeitet werden kann. Dabei handelt es sich nicht nur um Situationen, die mit dem Klienten erlebt wurden, sondern es können auch Erlebnisse aus dem Alltag reflektiert werden. Denn er / sie kann im privaten Umfeld auf Ablehnung oder Kritik stoßen.

Besonders über die Bedeutung der Medien müssen sich Justizsozialarbeiter / Justizsozialarbeiterinnen bewusst sein. Denn durch die Medien ist eine Wahrnehmungsverzerrung von Sexualstraftätern entstanden. Das gesellschaftliche negative Bild wird von den Medien unterstützt und verstärkt.

Eine weitere Herausforderung bezieht sich auf besondere Klientengruppen. Darunter fallen Sexualstraftäter, die mit einer psychischen Krankheit ihre Tat begangen haben. Auch diesen Herausforderungen müssen sich Justizsozialarbeiter / Justizsozialarbeiterinnen stellen und mit Fachwissen handeln können.

Ich bin der Meinung, dass der Beruf des / der Justizsozialarbeiters / Justizsozialarbeiterin sehr verantwortungsvolle und wichtige Aufgaben zum Schutz der Gesellschaft übernimmt. Der gesellschaftliche Schutz steht im Vordergrund dieser Arbeit, der durch die Wiedereingliederung und dem Ziel ein straffreies Leben zu führen eine Chance für jeden Klienten ist.

Für die Betreuung von Sexualstraftätern müssen die Mitarbeiter hoch qualifiziert sein. Sie brauchen besondere Spezialisierungen, die über das Studium hinausgehen. In diesem Tätigkeitsbereich muss Berufserfahrung, ein sicheres Auftreten und Selbstbewusstsein Voraussetzung sein. Zusätzlich müssen zum eigenen Schutz Supervisionen durchgeführt werden, um dieses Themengebiet verarbeiten zu können. Kritisch sehe ich die Berichterstattung der Medien, die oft nicht sachlich informieren. Es findet ein Sensationsjournalismus statt, der der Auflagensteigerung dienen soll.

Durch diese Darstellungen in den Medien wird die Wiedereingliederung in ein gesellschaftliches Leben erschwert oder ausgeschlossen.

Dabei versucht das Niedersächsische Konzept mit Hilfe eines speziell erarbeiteten Netzwerks den Klienten durch eine enge Betreuung und Kontrolle Wiedereinzugliedern. Dieses Konzept ist meiner Meinung nach eine sehr wichtige Präventionsarbeit um die Gefahr der Rückfälligkeit eines Sexualstraftäters zu verringern. Gleichzeitig wird durch KURS der Klient in die Gesellschaft, nach seinem nicht Normkonformen Verhalten, wieder eingegliedert.

Zu erwähnen ist, dass KURS nicht nur speziell für männliche Sexualstraftäter, sondern auch für weibliche Sexualstraftäterinnen konzipiert worden ist. Meine These hat sich ausschließlich auf männliche Sexualstraftäter bezogen, dennoch gibt es die Möglichkeit diese Ausarbeitung in Bezug auf weibliche Sexualstraftäterinnen zu erweitern. Weiterhin könnte diese Bachelorarbeit über die Opfer und deren Folgen einer Sexualstraftat ergänzt werden. Auch in diesem Bereich ist die Soziale Arbeit tätig.

Durch die Ausarbeitung dieser Bachelorarbeit habe ich erkannt, mit welchen umfangreichen Herausforderungen der Beruf der Justizsozialarbeit konfrontiert wird und dass eine speziell qualifizierende Schulung für den Umgang mit Sexualstraftätern erforderlich ist.

Abschließend lässt sich die These „ Niedersächisches Konzept zur Wiedereingliederung männlicher Sexualstraftäter - eine Herausforderung für die Soziale Arbeit" durch die vorliegende Arbeit beantworten. Es wurden die einzelnen Herausforderungen für die Soziale Arbeit, in Bezug auf Justizsozialarbeiter / Justizsozialarbeiterinnen, herausgearbeitet. Diese Herausforderungen, die in fachliche Klärung, professionelle Aufgaben und Methoden, gesellschaftliches Bild, Medien, Öffentlichkeitsarbeit und in besondere Klientengruppen unterteilt wurden, bilden den Kern dieser Bachelorarbeit. Dieses Vorgehen hat dazu geführt dass die These belegt werden kann.

Der Umgang mit männlichen Sexualstraftätern während das niedersächsische Konzept zur Wiedereingliederung, ist eine Herausforderung für die Soziale Arbeit.

Der Umgang mit männlichen Sexualstraftäter zur Wiedereingliederung, der durch das niedersächsische Konzept erfolgt, stellt eine Herausforderung für die Soziale Arbeit dar.

6 Literaturverzeichnis

Bücherverzeichnis

Barabas, F. K. (2006): Sexualität und Recht, Ein Leitfaden für Sozialarbeiter, Pädagoginnen, Juristen, Jugendlichen und Eltern. 2. Auflage, Fachhochschulverlag, Frankfurt am Main.

Bessler, C. (2012): Deliktoriente Bahndlung jugendlicher Straftäter, in: Endrass, J. / Rossegger, A. / Urbaniok, F. / Borchhard, B. (Hrsg.): Interventionen bei Gewalt- und Sexualstraftätern, Risk-Management, Methoden und Konzepte der forensischen Therapie. Medizinisch Wissenschaftliche Verlagsgesellschaft GmbH & Co. KG, Berlin. S. 311-321

Biedermann, J. (2014): Die Klassifizierung von Sexualstraftätern anhand ihres Tatverhaltens im Kontext der Rückfallprognose und Prävention, Ein typologieorientierter Ansatz bei sexuellen Missbrauchs- und Gewalttätern mittels der Latent Class Analyse. Verlag für Polizeiwissenschaft, Frankfurt.

Böllert, K. (2014): Sexualisierte Gewalt - Professionelle Herausforderungen, in: Böllert, K. / Wazlawik, M. (Hrsg.): Sexualisierte Gewalt, Institutionelle und professionelle Herausforderung. Springer Fachmedien, Wiesbaden. S. 139-151

Conen, M. / Cecchin, G. (2011): Wie kann ich Ihnen helfen, mich wieder loszuwerden? Therapie und Beratung mit unmotivierten Klienten und in Zwangskontexten. 3. Auflage. Carl-Auer-Systeme Verlag und Verlagsbuchhandlung GmbH. Heidelberg.

Cornel, H. (2018): Zum Begriff der Resozialisierung, in: Cornel, H. / Kawamura-Reindl, G. / Sonnen, B. (Hrsg.): Resozialisierung, Handbuch. 4. Auflage, Nomos - Verlagsgesellschaft, Berlin, Nürnberg, Hamburg. S. 31-62

Eisenberg, U. / Kölbel, R. (2017): Kriminologie. 7. Auflage. Mohr Siebeck. Tübingen.

Grandt, G. / Jamin, P. H. (2002): Vorwort, in: Grandt, G./ Jamin, P. H. (Hrsg.) : Sexualstraftäter. Eine Herausforderung für die Gesellschaft, o.O., S. 7-9

Grosser, R. (2018): Führungsaufsicht, in: Cornel, H. / Kawamura-Reindl, G. / Sonnen, B. (Hrsg.): Resozialisierung, Handbuch. 4. Auflage, Nomos - Verlagsgesellschaft, Berlin, Nürnberg, Hamburg. S. 217-226

Haas, M. (2018): Resozialisierung, Medien- und Öffentlichkeitsarbeit, in: Cornel, H. / Kawamura-Reindl, G. / Sonnen, B. (Hrsg.): Resozialisierung, Handbuch. 4. Auflage, Nomos - Verlagsgesellschaft, Berlin, Nürnberg, Hamburg. S. 591 - 613

Habermeyer, E. / Gnoth, A. / Lau, S. (2012): Behandlung von schizophrenen Straftätern, in: in: Endrass, J. /Rossegger, A. / Urbaniok, F. / Borchhard, B. (Hrsg.): Interventionen bei Gewalt- und Sexualstraftätern, Risk-Management, Methoden und Konzepte der forensischen Therapie. Medizinisch Wissenschaftliche Verlagsgesellschaft GmbH & Co. KG, Berlin. S. 302-310

Hahn, G. (2018): Psychisch kranke Straftäter, in: Cornel, H. / Kawamura-Reindl, G. / Sonnen, B. (Hrsg.): Resozialisierung, Handbuch. 4. Auflage, Nomos - Verlagsgesellschaft, Berlin, Nürnberg, Hamburg. S. 400-415

Kanfer, F. H. / Reinecker, H. / Schmelzer, D. (2012): Selbstmanagement - Therapie. Ein Lehrbuch für die klinische Praxis. 5. Auflage. Springer-Verlag. Berlin, Heidelberg.

Keßler, A. (2014): Punitivität und die gesellschaftliche Wahrnehmung von Sexualstraftätern. Delikteinschätzungen, Kriminalitätsfurcht, Einstellungen zur Strafe. Verlag für Polizeiwissenschaft, Frankfurt.

Kluge, W. / Schaitl, H. (2012): Soziale Dienste der Justiz. Perspektiven aus Wissenschaft und Praxis. Mönchengladbach.

Krahé, B. / Scheinberger-Olwig, R. (2002): Sexuelle Aggression. Hogrefe-Verlag, Göttingen.

Laubacher, A. / Gerth, J. / Gmür, C. / Fries, D. (2012): Risikofaktoren und Tatmerkmale, in: Endrass, J. / Rossegger, A. / Urbaniok, F. / Borchhard, B. (Hrsg.): Interventionen bei Gewalt- und Sexualstraftätern, Risk-Management, Methoden und Konzepte der forensischen Therapie. Medizinisch Wissenschaftliche Verlagsgesellschaft GmbH & Co. KG, Berlin. S. 34-42

Makros A. (2007): Die Struktur der Zusammenhänge von Tatbegehungsmerkmalen und Persönlichkeitseigenschaften bei Sexualstraftätern. Verlag für Polizeiwissenschaft, Frankfurt am Main.

Makros A. / Habermeyer, E. (2012): Behandlung von Straftätern mit ausgepräg-
ten psychopathischen Eigenschaften, in: in: Endrass, J. / Rossegger, A. /
Urbaniok, F. / Borchhard, B. (Hrsg.): Interventionen bei Gewalt- und Sexualstraftätern, Risk- Management, Methoden und Konzepte der forensischen Therapie. Medizinisch Wissenschaftliche Verlagsgesellschaft GmbH
& Co. KG, Berlin. S.291- 301

Miller, W. R. / Rollnick, S. (2015): Motivierende Gesprächsführung. 3. Auflage.
Freiburg im Breisgau.

Neuffer, M. (2013): Case Management, Soziale Arbeit mit Einzelnen und Fami-
lien. Auflage, Beltz Juventa, Weinheim, Basel.

Nomos Gesetze (2018): Gesetze für die Soziale Arbeit, Textsammlung. 7. Auflage, Nomos Verlagsgesellschaft, Baden-Baden.

Oberlies, D. (2013): Strafrecht und Kriminologie für die Soziale Arbeit. Eine
Einführung. Verlag W. Kohlhammer, Stuttgart.

Rezk, M. / Borchard, B. (2012): Behandlung von persönlichkeitsgestörten Ge-
walt- und Sexualstraftätern mit sehr hohem Rückfallrisiko, in: Endrass, J. /
Rossegger, A. / Urbaniok, F. / Borchhard, B. (Hrsg.): Interventionen bei Ge-
walt- und Sexualstraftätern, Risk-Management, Methoden und Konzepte
der forensischen Therapie. Medizinisch Wissenschaftliche Verlagsgesellschaft GmbH & Co. KG., Berlin. S. 279-290

Endrass, J. /Rossegger, A. / Urbaniok, F. / Borchhard, B. (2018): Interventionen
bei Gewalt- und Sexualstraftätern, Risk-Management, Methoden und Konzepte der forensischen Therapie. Medizinisch Wissenschaftliche Verlagsgesellschaft GmbH & Co. KG, Berlin.

Staub-Bernasconi, S. (2018): Soziale Arbeit als Handlungswissenschaft. Soziale
Arbeit auf dem Weg zu kritischer Professionalität. 2. Auflage. Verlag Bar-
bara Budrich, Opladen, Toronto.

Stiehl-Glenn, M. (2010): Zum Umgang mit Rückfällen in der ambulanten Psy-
chotherapie mit Sexualstraftätern, in: Hahn, G. / Stiels-Glenn, M. (Hrsg.):
Ambulante Täterarbeit. Interventionen, Risikokontrolle und Prävention.
Psychiatrie- Verlag, Bonn. S. 92-124

Zobrist, P. / Kähler, H. D. (2017): Soziale Arbeit in Zwangkontexten. Wie unerwünschte Hilfe erfolgreich sein kann. 3. Auflage. Ernst Reinhardt GmbH &
Co KG Verlag, München.

E-Bookverzeichnis

Laubenthal, K. (2012): Handbuch Sexualstraftaten, die Delikte gegen die sexuelle Selbstbestimmung. Springerverlag, Berlin, Heidelberg.

Niemeczek, A. (2015) : Tatverhalten und Täterpersönlichkeit von Sexualdelinquenten, Der Zusammenhang von Verhaltensmerkmalen und personenbezogenen Eigenschaften. Springer Fachmedien Wiesbaden GmbH, Halle

Maelick, B. (2018): Forschung und Entwicklung als Innovationsstrategie für den Strafvollzug, in: Maelick, B./ Suhling, S. (Hrsg.): Das Gefängnis auf dem Prüfstand, Zustand und Zukunft des Strafvollzugs. Springer Fachmedien Wiesbaden GmbH. Kiel/Celle. S. 3-22

Seifert, S. (2014): Der Umgang mit Sexualstraftätern. Springer Fachmedien, Wiesbaden.

Weigl, T. / Mikutta J. (2019): Motivierende Gesprächsführung. Eine Einführung. Wiesbaden.

Zeitschriftenverzeichnis

Höing, M. (2016): Sexualstraftäter in der Gemeinschaft: Rückfallprävention mit COSA. In: Bewährungshilfe - Soziales, Strafrecht, Kriminalpolitik 63 (3), S. 270-282.

Internetverzeichnis

Ambulanter Justizsozialdienst Niedersachsen (o.j): Grußwort des Leiters des Ambulanten Justizsosieldienstes Niedersachsen, online: h t t ps:// www.ajsd.niedersachsen.de/wir_ueber_uns/gruwort-des-leiters-des-ambulanten- justizsozialdienstes-niedersachsen-120297.html (18.06.2019)

Ambulanter Justizsozialdienst Niedersachsen (1) (2019): Stellenausschreibung im AJSD (Justizsozialarbeiterinnen und Justizsozialarbeiter), online: https:// www.ajsd.niedersachsen.de/stellenausschreibung/stellenausschreibungen/stellenausschreibungen-im-ajsd-justizsozialarbeiterinnen-und- justizsozialarbeiter-155784.html (20.05.2019)

Ambulanter Justizsozialdienst Niedersachsen (2) (2017): Unsere Qualitätsstandards, online: https://ajsd.niedersachsen.de/wir_ueber_uns/ unsere_qualitaetsstandards/unsere-qualitaetsstandards-158761.html (20.05.2019)

Bundesministerin des Innern, für Bau und Heimat (2019): Polizeiliche Kriminalstatistik 2018 Ausgewählte Zahlen im Überblick. Innenminister Konferenz 2019 online: https://www.bmi.bund.de/SharedDocs/downloads/DE/ publikationen/themen/sicherheit/pks-2018.pdf?_blob=publicationFile&v=3 (24.04.2019)

Bundesministerium der Justiz und für Verbraucherschutz (O.J): Grundgesetz für die Bundesrepublik Deutschland Art 1, online: https://www.gesetze-im-internet.de/ gg/art_1.html (09.07.2019)

Bundeszentrale für politische Bildung (1) (2015): Menschenwürde, online: http://www.bpb.de/nachschlagen/lexika/recht-a-z/22561/menschenwuerde (26.03.2019)

Bundeszentrale für politische Bildung (2) (2015): Sexualdelitke, online: http:// www.bpb.de/nachschlagen/lexika/recht-a-z/22872/sexualdelikte (26.03.2019)

Bundeszentrale für politische Bildung (3) (2014): 1994: Homosexualität nicht mehr strafbar, online: https://www.bpb.de/politik/hintergrund-aktuell/180263/1994- homosexualitaet-nicht-mehr-strafbar (26.03.2019)

Die Bundesregierung (2016): Mehr Schutz vor sexueller Gewalt. Online: https:// www.bundesregierung.de/breg-de/aktuelles/mehr-schutz-vor-sexueller- gewalt-393682 (27.04.2019)

dejure.org (o.j): Strafgesetzbuch, Besonderer Teil (§§80 - 358), 13. Abschnitt - Straftaten gegen die sexuelle Selbstbestimmung (§§174 184j), online: https:// dejure.org/gesetze/StGB/178.html (09.07.2019)

Deutsches Institut für Menschenrechte (O.J): Die Allgemeine Erklärung der Menschenrechte, Artikel 1 (Freiheit, Gleichheit, Solidarität), online: https:// www.institut-fuer-menschenrechte.de/aktuell/70-jahre-a-emr/artikel-der-allgemeinen- erklaerung-der-menschenrechte/artikel-1/ (09.07.2019)

Duden (o.j): Staatsanwaltschaft, online: https://www.duden.de/suchen/dudenonline/ Staatsanwaltschaft (09.07.2019)

Hörnle, T. (2018): Sexualstrafrecht- Der Prozess einer Reform, Kommentar zum Beitrag von J.-Prof. PD Dr. Elisa Hoven. online: https://kripoz.de/wp-content/ uploads/2018/01/hoernle-das-neue-sexualstrafrecht-prozess-einer-reform- kommentar-zum-beitrag-von-prof-dr-elisa-hoven.pdf (27.04.2019)

Niedersächsisches Justizministerium (2016): Justizvollzug. Online: https:// www.mj.niedersachsen.de/themen/justizvollzug/justizvollzug-10505.html (07.05.2019)

Statista GmbH (2019): Polizeiliche Aufklärungsquote bei Vergewaltigung und sexueller Nötigungen*in Deutschland von 2004 bis 2018. Online: https:// de.statista.com/statistik/daten/studie/152550/umfrage/entwicklung-der-polizeilichen- aufklaerungsquoten-bei-vergewaltigungen-seit-1995/ (24.04.2019)